生态城市工程规划丛书（第一辑）
Eco-city Project Planning Series (Series 1)

# 生态建设与土地开发

## Ecological Construction and Land Development

［美］戴安娜·巴尔莫里　　［美］伽柏里·伯努瓦　著

那　然　王梓斌　乔　旭　张　蕾　译

国家出版基金项目
NATIONAL PUBLICATION FOUNDATION

大连理工大学出版社
Dalian University of Technology Press

WILEY

Land and Natural Development (LAND) Code by Diana Balmori and Gaboury Benoit, ISBN: 978-0-470-04984-6

Copyright © 2007 by Diana Balmori and Gaboury Benoit.

本书中文简体版经John Wiley & Sons, Inc.公司授权，由大连理工大学出版社在世界范围内发行。未经许可，不得以任何手段和形式复制或抄袭本书内容。

© 大连理工大学出版社 2019
著作权合同登记06-2016年第180号

**版权所有·侵权必究**

**图书在版编目(CIP)数据**

生态建设与土地开发 / (美) 戴安娜·巴尔莫里，(美) 伽柏里·伯努瓦著；那然等译. -- 大连：大连理工大学出版社，2019.10
　　ISBN 978-7-5685-2231-1

　　Ⅰ. ①生… Ⅱ. ①戴… ②伽… ③那… Ⅲ. ①土地资源—资源开发—研究 Ⅳ. ①F301.24

中国版本图书馆CIP数据核字（2019）第227999号

出版发行：大连理工大学出版社
　　　　　（地址：大连市软件园路80号　邮编：116023）
印　　刷：深圳市龙辉印刷有限公司
幅面尺寸：225mm × 290mm
印　　张：13.5
字　　数：450千字
出版时间：2019年10月第1版
印刷时间：2019年10月第1次印刷
策划编辑：苗慧珠
责任编辑：邱　丰
封面设计：洪震彪
责任校对：曹静宜

ISBN 978-7-5685-2231-1
定　　价：198.00元

电　　话：0411-84708842
传　　真：0411-84701466
邮　　购：0411-84708943
E-mail：landscape@dutp.cn
URL：http://dutp.dlut.edu.cn

本书如有印装质量问题，请与我社发行部联系更换。

# 致谢

本书主要是为建筑师、景观设计师、城市规划师以及土木工程师和地产开发商等专业人士创作的。本书的创作始于耶鲁大学，是景观设计学与林业科学两个学科学者的一次特殊合作。受到名誉教授赫博·鲍曼（Herb Bormann）的启发，戴安娜·巴尔莫里（Diana Balmori）和伽柏里·伯努瓦（Gaboury Benoit）开始探讨土地可持续开发的指导策略。这两位作者对本书的撰写均做出了重要的贡献。

本书的核心内容来源于科林·莫菲–唐宁（Colleen Murphy–Dunning）组织实施的课程教学内容。为了实施这套复杂的课程，她做了很多努力——积极组织专题演讲和学校内部讨论，并针对评论和研究结果，不断调整课程内容。

在此，对开发商内德·福斯（Ned Foss）、位于纽约德尔玛的CGI及其公司的合伙人劳伦斯·林德（Lawrence Linder）和哈德逊景区公司（Scenic Hudson, Inc.）的高级项目经理马杰里·格罗顿（Margery Groten）表示诚挚的感谢。他们专注于土地开发的可持续模式，并安排学生们参观了他们在纽约贝肯的地产项目，该项目成了学生们课程研究的基础案例。

另外，还要特别感谢耶鲁大学的研究生们为本书的创作所付出的无限热情和辛劳。在本次研究中，每一到两名学生负责研究一个相关课题。他们的研究成果是耶鲁大学森林与环境学院报告的核心内容，也是本书内容的创作来源。

此外，还要感谢为本书提供借鉴的各个领域（如水文、法律等）的专家学者们。他们不仅为学生们讲解了其所在学科领域的本质特征，还耐心解答了负责不同课题的学生们所提出的问题，对研究生们的第一次工作总结做出评论并提出意见。

同时，也要感谢耶鲁大学森林与环境学院城市生态学希克森中心对本书出版的资金支持。作为一个研究和推广组织，该中心的研究主要包括四个方面的内容——城市资源自主性、城市流域规划、城市环境管理的公私合作和可持续环境设计。

## 尊敬的客座讲师

**拉塞尔·阿尔巴内塞（Russell Albanese）**
纽约加登城阿尔巴塞尔开发公司（Albanese Development Corporation, Garden City, New York）总裁、纽约市首栋依照炮台公园城（Battery Park City）环境指南开发建设的索拉尔公寓（Solaire Building）的开发商

**克林顿·安德鲁斯（Clinton Andrews）**
罗格斯大学E.J.布鲁斯丁规划和公共政策学院（E.J. Bloustein School of Planning and Public Policy）副教授、有关技术的社会影响的IEEE协会（IEEE Society on Social Implications of Technology）主席

**文迪·戈德史密斯（Wendi Goldsmith）**
马萨诸塞州塞勒姆市生物工程集团公司（the Bioengineering Group, Inc., Salem, Massachusetts）总裁、高级生物工程师和地貌学家

**詹姆斯·利马（James Lima）**
纽约市经济发展有限公司特别项目部（Special Projects Division of NYC Economic Development Corporation）高级副总裁

**鲁本·卢博夫斯基（Ruben Lubowski）**
美国农业部（USDA）自然资源经济学家

**爱德华·G.米歇尔（Edward G. Mitchell）**
耶鲁大学建筑学院（Yale School of Architecture）助理教授

**约翰·诺朗（John Nolon）**

佩斯大学法学院（Pace University Law School）法学教授、土地利用法律中心（Land Use Law Center）主任

**拉斐尔·佩利（Rafael Pelli）**

纽约市太阳能建筑设计师

**乔纳森·罗斯（Jonathan Rose）**

地产开发商

**汤姆·舒勒（Tom Schueler）**

马里兰州埃利科特市流域保护中心（Center for Watershed Protection, Ellicott City, Maryland）流域研究与实践主任

## 耶鲁大学的学者及其他院校的专家

### 能源

艾琳·曼苏尔（Erin Mansur）

保罗·菲萨特（Paul Fisette）

### 生态学

马克·艾什顿（Mark Ashton）

赫博·鲍曼（Herb Bormann）

### 工业生态学

玛丽安·查尔图（Marian Chertow）

克林顿·安德鲁斯（Clinton Andrews）

斯蒂文·佩克（Steven Peck）

### 环境工程

吉姆·麦克布鲁姆（Jim MacBroom）

文迪·戈德史密斯（Wendi Goldsmith）

### 经济学、金融学

希拉·奥姆斯特德（Sheila Olmstead）

鲁本·卢博夫斯基（Ruben Lubowski）

**法律**

约翰·诺朗（John Nolon）

**水文学**

伽柏里·伯努瓦（Gaboury Benoit）

汤姆·舒勒（Tom Schueler）

**地产开发**

乔纳森·罗斯（Jonathan Rose）

拉塞尔·阿尔巴内塞（Russell Albanese）

**政府**

詹姆斯·利马（James Lima）

**设计**

戴安娜·巴尔莫里（Diana Balmori）

# 学生研究团队

**水文与水质**

玛尼·伯斯（Marni Burns）

贝丝·欧文（Beth Owen）

**空气 / 微气象学**

切丽·勒布朗（Cherie LeBlanc）

**生物资源**

罗斯玛丽·曼妮可（Rosemarie Mannik）

**能源**

佛洛伦斯·米勒（Florence Miller）

卡拉·舒特（Carla Short）

**环境工程**

克里斯托弗·梅南（Christopher Menone）

泰伦斯·米勒（Terrence Miller）

**工业生态学**

威廉·波特（William Pott）

伊丽莎白·罗伯茨（Elizabeth Roberts）

**法律策略**

梅兰妮·卡特勒（Melanie Cutler）

威廉·芬尼根（William Finnegan）

**效率与财务**

洛尼·加德纳（Loni Gardner）

布瑞恩·古德伯格（Brian Goldberg）

# 目录

第一章

# 图书介绍

## 关于本书

　　《生态建设与土地开发》是一本专注于生态型土地开发的研究型指导手册，目标读者为建筑师、工程师、景观设计师、地产开发商、城市规划者、学生以及其他对该领域感兴趣的人。作者编写本书旨在为场地开发提出一条思路清晰且切实可行的途径，从而实现人工开发与自然进程的和谐统一。土地开发是当今世界的必然趋势，而这本书将介绍各种可以最大限度降低环境影响的方法。降低人工干预并不是减少对自然环境破坏的最佳办法，有时精心设计的干预措施也可以收获良好的效果。但是，最好的方式是通过设计采用工程结构和方法，模仿并取代自然进程，从而保留或重建场地原有的自然进程。这些工程方法内容广泛，既包括建造拥有丰富植被的雨水花园，也包括设置用于回收地面排水以满足灌溉及其他非饮用水需求的贮水池。这样的工程解决方案在操作过程中需要与其所替代的自然进程高度匹配。每种场地类型都需要一种适应其自然特征和环境类型的解决方法，而《生态建设与土地开发》的内容涵盖了从绿化用地到再开发的城市棕地以及农田转化用地等多种土地开发类型。

## 为什么选择本书

读者可能会问：为什么选择《生态建设与土地开发》，而不是其他为环保型土地开发提供有益指导的"绿色"指南或可持续性指南？

《生态建设与土地开发》中的诸多土地开发原则在美国环境保护署（EPA）推荐原则以及美国绿色建筑协会（USGBC）推行的《绿色建筑评估体系》（LEED）中均有所提及，但本书的独特之处主要是以下几点：

- 具有严格的科学依据。《生态建设与土地开发》主要或者几乎完全依托同类科学研究实践提出的建议。而在其他体系之中，结论提出的依据往往是专家的判断。
- 提供了一个通过衡量环境效益规模及其实施难度来评估每一项实践的评分标准。相比之下，LEED评估体系对每项建议一律给1分，不考虑效益和成本差异。
- 将《生态建设与土地开发》看作一个独立体系。它不受制于一些烦琐且复杂的外部协议。相反，本书提供了一个简单直接的渐进式系统。它对项目提出的建议，尤其是小型场地，大部分可由非专业人士完成。
- 涵盖水、土壤、空气、能源、材料以及生物资源等多方面的内容。
- 其关注重点是土地，而非建筑物。
- 本书大量使用插图，借助照片和图表使许多问题变得浅显易懂。

《生态建设与土地开发》也可以结合 LEED 评估体系、EPA 认证或其他指南一起使用。本书与其他同类标准最主要的区别在于：它在很大程度上依靠科学研究并将其作为提出建议的依据，采用了对自然进程和工程方法最新的研究成果，其内容也在不断更新。可持续开发是一个崭新的领域，该领域的科学研究将不断揭示有关自然进程的新奥秘。因此，《生态建设与土地开发》也需要通过吸收新理论来不断完善。

## 如何使用本书

全书的核心内容包括可持续土地开发之中的七大要素：水、土壤、空气、生物资源、能源、材料和环境工程方法，其中环境工程方法主要包括一些有助于实现可持续开发工具的技术信息。为了更好地突出差异性，最后一章集中讨论了城市中一些场地因开发密度过大而无法实施"自然"生物工程系统的问题；而其他章节则集中探讨森林、绿地和农耕用地等开发密度小的土地类型，这些土地类型的利用空间更大。从另一个角度来看，前六章的内容是为实现持续开发而提出的建议，这些建议是基于自然进程方面的科学研究而提出的。而第七章则介绍了为了达成目标可以使用的材料和方法。

本书最后一章——第九章"可持续开发的多种途径"列举了以可持续为目标的项目案例，包括一些已经完工或仍在建设中的项目。这些项目可以让我们初步了解实现绿色开发的各种措施，并通过具体的案例介绍了如何妥善处理六大主要环境因素——水、土壤、空气、能源、材料和生物资源。根据案例的复杂程度，即案例特征与该指导体系的相关程度，各个案例研究的篇幅不同。一些案例主要关注开发团队的组成结构（如开发商和保护组织之间的合作），哈德逊景区公司（Scenic Hudson, Inc.）在项目开发中参考绿色议程就是一个典型案例。而其他案例可能会探讨开发商如何通过可持续方案，使其在水库上游开发建设地区购物中心的项目通过审批，并使自己和水利公司获得双赢。因此，本书最后一章通过案例对蓬勃发展的可持续开发领域进行了综述。这些案例展示了一批在可持续土地开发尝试中取得成功的项目。

## 如何确定土地开发的要点

显然，一套完整的评估标准会对读者更加实用。但是，如何将一处人工湿地的环境效益与能源全自给灯光装置或者毗邻公共交通地区的环境效益相比较呢？

一种简单的做法是规定每项措施为1分，但随之而来的问题是一些措施带来的效益明显大于其他措施所带来的。此外，若想彻底了解每项措施所带来的环境效益，可能需要数年的研究，而且有可能最终也无法得到明确的答案。因此，作者选择了一个将分数与整体效益相结合的综合体系。这样不仅可以省略生态系统结构和功能方面的详细知识，而且可以在配置各个环境效益要素（水、土壤、空气、能源等）所采用的策略时，令部分问题迎刃而解。一些措施（例如保留场地中的成熟树木）几乎在每一个类别之中都会得分，而另一些措施（例如提供自行车架）只能得一两分。因此，受到特定生态结构或生态活动保护的环境子系统或环境功能各为1分是比较合理的。

一方面，一些措施的实施难度小且成本比其他措施更低，而实施难度大且成本高的措施则必须要有较高的收益才会得到实际运用。因此在这种情况下，分数将根据实施的难易程度而定。另一方面，一些建议和措施能够持续发挥作用，而其他措施发挥作用的时间短或收益不确定。所以，只有那些可能产生持续效益的环境开发策略可以得分。最后，由于一些活动对土地的可持续开发不可或缺，尽管没有赋予明确分值，但也必须给予充分考虑。

各种建议和措施应按照这一系统的标准进行评分，然后根据分值来分类并进行内部连贯性的检验。检验标准为针对系统特定环节的建议措施能否提供等价的环境效益。检验结果是相应的分数值完全合理，不需要做进一步的调整。

场地按分值可划分为三个等级：银、金和铂金，分别指代特定场地可能达到的总体分值，即40％～60％、60％～80％和80％～100％。不同场地能够获得的最高分数各不相同，需要完全按照书中给定的分数来计算。例如，若场地内没有道路，那么建造地下迁徙廊道是不可能实现的。因此，在计算这类场地能达到的最高分数时，应除去建造地下廊道的分数。另外，在某些情况下，如果可以减少选择极端场地所带来的影响，那么该场地的计分会有所提高。这类场地包括溪流、湿地和季节性洼地等敏感的水生生态系统周围的预留缓冲区。为了避免不当诱因，如果因选择具备这些特征的场地而导致评分为负分，则可以通过缓解措施来抵消部分或全部负分。

理论上，利用贵金属来衡量效益是与本书宗旨背道而驰的，因为这些金属都属于稀有资源，它们的开采会造成严重的环境破坏。然而，以上三种贵金属有着明显的等级区分，并对环境有重大意义，而且用它们来判定类别并没有造成实际的环境破坏，因此可以用来划分等级。

## 如何运用"可持续性"这一词语

"可持续性"这一词语可专门用于土地开发的环境问题，也可用于经济发展和社会组织，但这些都不是主要方面。这一词语专注于自然状况及时间上的持续性，最终目标是保持长期、均衡的开发。

关于可持续性最清晰的表达应该是来自世界环境与发展委员会于1987年发布的报告《我们共同的未来》中关于环境与发展的内容。该报告也被称为《布伦特兰报告》(*Brundtland Report*)。它指出可持续发展的含义是既能满足当代人的需要，又不会对满足后代人需要的能力构成危害。虽然作者认可这一定义，但是认为它更加关注的是"人"和"代代相传"，而不是环境。因此，作者更倾向于美国环境保护署(EPA)的定义："随着时间的推移，一个生态系统能够维持其原本或理想的生态完整性这一状态的能力。"

本书旨在探讨土地开发之中的环境问题，专注于土地使用所改变的自然系统和进程，并寻求利用工程要素辅助或替代其功能的办法，以实现对生态系统的长期保护。相信通过创造更加舒适、健康的环境体系，我们可以利用环境的可持续发展促进人类的可持续发展。

本书还将美学作为更加广泛的议题来考虑，因为它在很大程度上能够让人们对一个地域更加依恋，而这正是可持续发展的重要前提。因此，作者在最后一部分的案例研究中，选取了一些在环境可持续性和设计方面都很优秀的案例。

## 本书的产生

本书的研究内容在耶鲁大学森林与环境学院的工作文件中首次被提出。然后，本书作者与读者进行了交流，并从中获得了大量的宝贵建议。在约翰威利国际出版公司对初稿反馈的基础上，作者撰写了新文稿，对主题内容进行了更加全面的介绍，并增加了更多的插图来对文字内容进行更形象的讲解。精美的插图使本书提出的措施和方法更浅显易懂、一目了然。

《生态建设与土地开发》是由耶鲁大学森林与环境学院的伽柏里·伯努瓦（Gaboury Benoit）教授和建筑学院的戴安娜·巴尔莫里（Diana Balmori）教授的一门课程演变而来的。这门课程名为"自然开发：绿地和棕地新用途的证明"，是一门专门面向研究生的研讨式课程。学生被分为八个小组，分别对八个课题进行讨论，题目则由课程导师指定。该课程还得到了城市生态学希克森中心项目主任科林·莫菲-唐宁（Colleen Murphy-Dunning）的支持。这八个课题分别为：水质与水文、大气污染与微气象学、植物生态学与人口/社区生态学、场地能源与交通、工业生态学、环境工程、市政和开发商的法律策略以及时间效率与成本节约。课程还邀请了多位其他院校的专家讲授这八个课题，耶鲁大学的专家及两位课程指导教师则持续跟进学生的研究进展。

在从系列研究论文到面向广大读者的出版物的演变过程中，一些课题被进一步细分，而另一些则被省略。其中，土壤方面的问题获得了大量关注，水质与水文问题也受到了高度重视，而法律策略则由于需要独立成卷，所以在本书中被删除。本书对原论文进行了全面重构和改写。

第二章

# 水

## 场地排水

对于一个生态系统而言，水的流动就像人体的血液循环一样重要。水流输入养分并排出废物，还可以调节温度，营造景观，提供生物栖息地并促进水生和陆生生物各种组织的更新和生长。所有这些关键要素都可能因土地开发对地形的人为改造而遭到破坏。

和传统实践相比，现代排水观念发生了巨大的变化。过去的排水目标是将雨水收集起来后尽快排出场地，这会对场地产生极大扰动，而且需要安装价格昂贵的基础设施。任何改善水质的处理措施都只能在管道末端实施，而这项工作通常会被忽视。雨水基本上被视为没有利用价值的废弃物。这样就产生了一个矛盾，即土地所有者购买排水系统将水从场地中排出，然后又重新购买场地用水。现代排水方法正如低影响开发（LID）系统中所表述的那样，通过减缓水流速度，让水滞留于自然或人工设施中，并下渗到土壤或蒸发到大气中，将排放至下游的水流量和流速降低到最小。通过这种方法，水资源可以得到保存和利用。要实现这一目标，就需要在源头和分布于景观之中的多个地点对水进行处理和净化（处理的成本通常更低），使其达到量化标准后再汇入接收水体中。

要减少土地开发对环境的影响，就需要制定详细而合理的规划。从水文循环的角度来看，人们需要评估场地的自然因素和人为因素以及它们与水体之间的相互关系。场地范围内是否存在河流、湖泊、湿地或者季节性地表存水池等？是否存在易坍塌的陡坡地形？场地上是否有从其他场地自然流入的水源？土壤排水状况是否良好？水在场地内自然流淌至何处？最终排入何处？当地气候状况如何？降水量是5 cm、10 cm还是15 cm？有了现场勘探的数据以及从互联网或其他途径获取的信息，以上问题就迎刃而解了。

排水规划将景观划分为多个版块，每个版块都是一个理想的次分集水区。因为这些区域是水流的必经之地，所以需要采取措施来减缓水体流经景

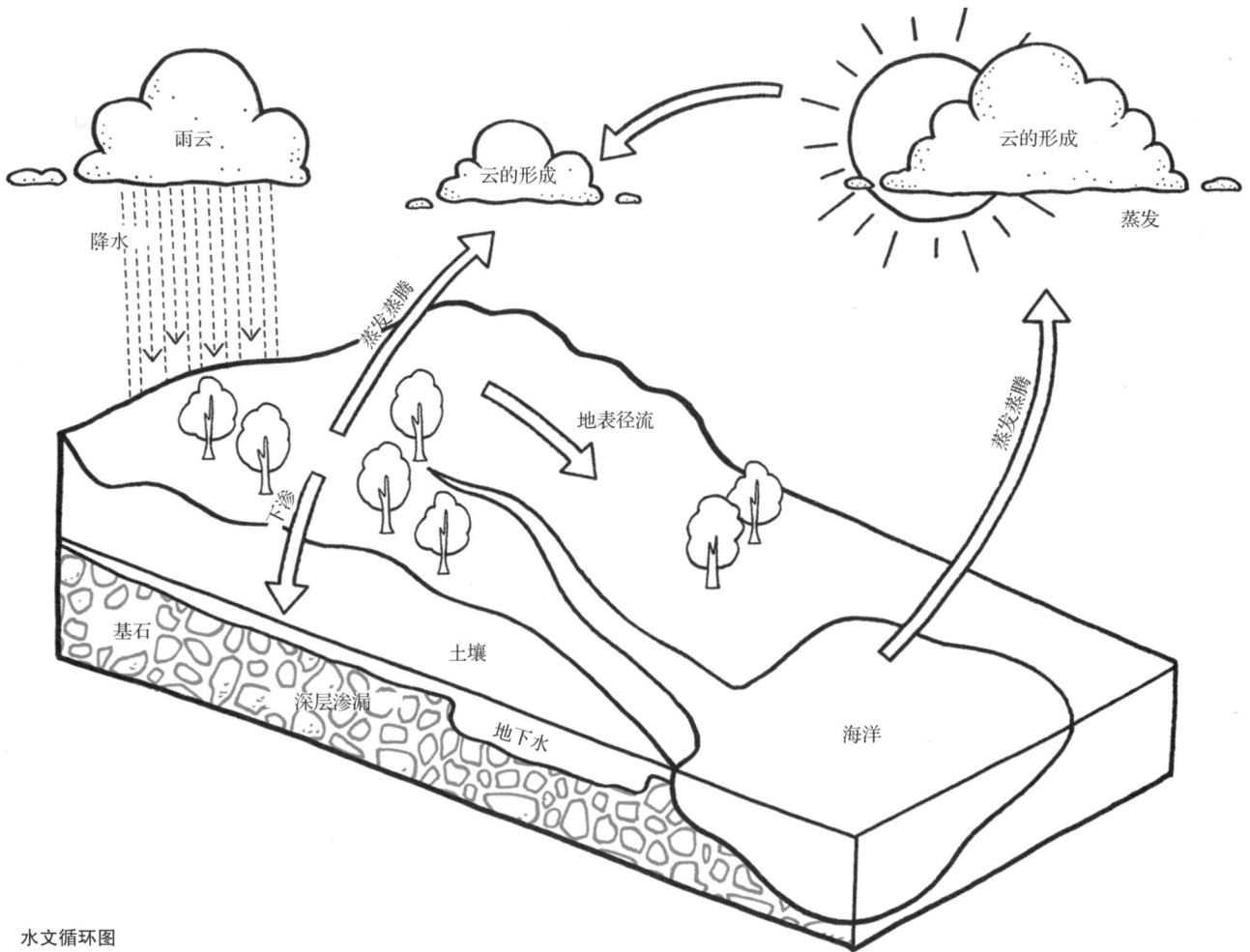

水在地球的大气层、地表和地下循环往复，没有明确的起点和终点 ©丹尼尔·R. 阿卜杜（Daniel R. Abdo），改编自联邦跨部门河流修复工作组（Federal Interagency Stream Restoration Working Group）

水文循环图

观时的流速，增加水在土壤中的下渗量以及在大气中的蒸发量，并将途经各集水区的排水量控制在最小范围内。通常情况下，所采取的措施成本低、维护少并且与自然景观元素类似；但是由于场地限制，也可能需要采用传统工程措施（水箱、管道、涵洞等）。排水规划可以借助两种技术辅助手段：图纸和模型。

所有影响滞留量和径流量的因素都应绘制在图纸上。图纸的复杂程度则取决于特定项目的规模：如果项目只是一栋房子，那么一张草图足矣；但如果是住宅项目或购物中心等大型土地开发项目，则需要由测绘师绘制详细的地形图纸。地理信息系统（GIS）软件具备完善的地形分析功能，但它对操作人员的专业素质提出了很高的要求，并且仅适用于较为复杂的开发项目。

建模是排水规划与开发过程中另一个实用的辅助工具。水流始终向下流淌的直线形特性使水文建模相对容易。水流速度取决于坡度和地表类型（例如路面、草地、森林）等因素。水文模型所需的数据（例如降雨强度、土壤特性）则可以从参考书籍、网络或模型本身的检索表中查阅，运用推理法也可以量化和预测场地的排水情况。但无论项目的规模有多大，复杂程度有多高，建模始终都是一种实用的辅助工具。

总之，水系图、建模和排水规划为场地开发提供了依据。排水规划应与水质保护策略、土壤保护策略以及生物多样性保护策略保持一致。上述目标应互为依托，并且遵循自然设计的准则。而从源头进行径流治理具有非常重要的意义，少量来自开发场地的未经处理的地表径流很快会汇集成来势汹涌的湍流。一旦出现这种情况，人们只能冒着可能造成严重生态环境影响的风险修建造价昂贵的大型结构（如渠化河道）来进行治理。从源头减少污染和治理径流是模仿自然水文的管控方法，应尽量降低下游水体的输送成本及减少环境足迹。

严格遵循场地特征的自然水文设计是解决场地排水问题高效、经济的方法。© 凯瑟琳·比恩（Catherine Byun）和基拉·阿佩尔汉斯（Kira Appelhans）

## 建议

了解水流汇入、流经以及排出场地的过程并准备图纸、模型和一份排水规划的文字介绍，力图使系统功能接近开发前的状况。其中一个基准是设计场地保持或修复排水模式及河道行洪能力，以保证它能够消纳重现周期为 5 年且持续时间为 24 小时的暴雨量（即任意设定年份，约有 20% 的发生概率）。

### 开发商获益

- 提供美观的地表水景和开放空间。
- 输水系统的造价比地下工程系统的低。
- 维护和运营成本低。
- 可以降低洪泛风险和责任。
- 可以满足美国国家污染物排放削减（NPDES）许可证制度关于暴雨量的处理规定以及最大日负荷量（TMDL）的要求。
- 蒸腾作用有助于在夏季降温，营造更加舒适、美观的环境。

### 生态效益

- 减少破坏性洪水。
- 增加枯水期流量。
- 改善水质，保护水生环境。
- 形成良好的栖息环境，增加生物多样性。

25年一遇的洪水指在设定年份发生概率为1/25的洪水事件。百年一遇的洪水虽然不常出现，却极具破坏性。© 丹尼尔·R. 阿卜杜（Daniel R. Abdo），改编自罗伊·戴古思特（Roy Deguisti）

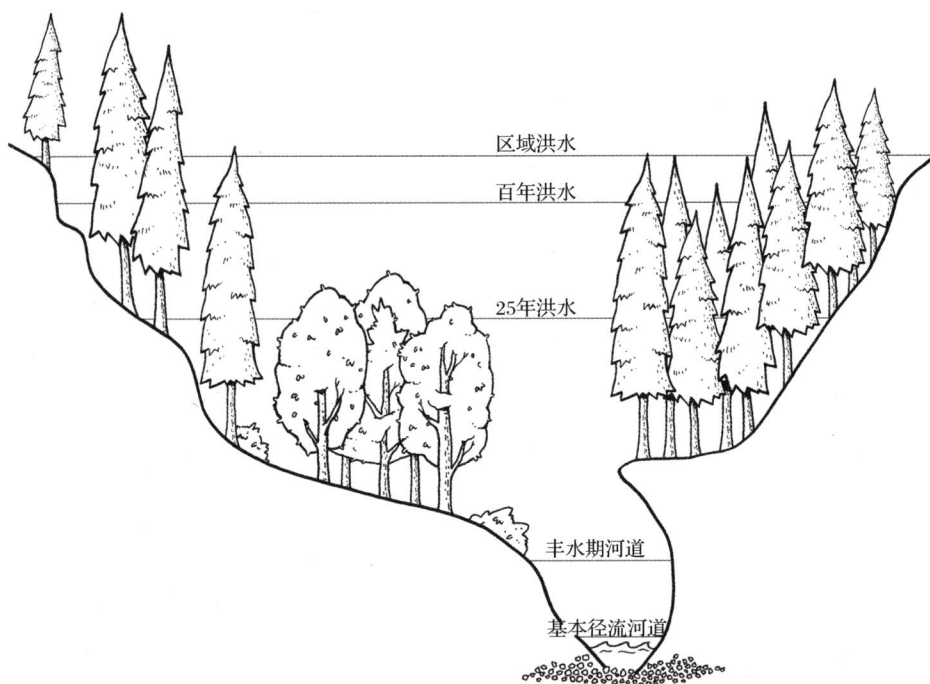

区域洪水

百年洪水

25年洪水

丰水期河道

基本径流河道

暴雨水位图

**策略**

- 首先使用简单的水文模型量化初始水体流动的方式，再预测水体流动随场地开发计划可能发生的变化：必要。
- 绘制场地开发前的水文特征平面图，包括坡度、径流、土壤类型和植被：必要。
- 排水规划应保证开发后的水体运动尽可能接近开发前的状况。该规划应展示如何降低水体流速以及实现下渗量和蒸发量最大化：必要。

场地设计排水容量应能消纳重现周期为 5 年且持续时间为 24 小时的暴雨量。选择 5 年作为暴雨重现周期是为了在造成特大洪水的短周期降雨（按其发生的频率）和特大洪水低频事件之间寻找一个平衡点。对于美国东部的大部分地区而言，5 年一遇的暴雨仅比 2 年一遇的降雨量增加约 25%，而 50 年一遇的洪涝也仅比 5 年一遇的降雨量增加 50%。

- 根据排水规划和建模的研究结果，利用开放植被空间、植草沟、截流坝以及雨水花园等生态工程结构，可以减少排水道中的水流容量并降低流速，使其达到基于模型研究开发前的数值：12分。

开发设计应保留原有的场地排水模式，为以前开发的场地提供开放的植被空间并恢复其原有的排水模式。

- 除设置植草沟、雨水花园、仿自然地形的滞洪区外，保留场地自然地貌：12分。

草皮护面洼地和水渠能够汇集雨洪，防止洪泛并减缓水体流速，有助于水流下渗及水体净化。©威廉·F. 亨特三世（William F. Hunt Ⅲ），北卡罗来纳州立大学（North Carolina State University）

人工湿地可以与硬质景观融合，以消纳和处理场地内的雨水。©迈克尔·范·沃肯伯格联合有限公司（Michael Van Valkenburgh Associates, Inc.）

　　场地的大型二次划分是干扰其自然排水模式最重要的原因之一。现有地貌反映了自然力量在过去1 000年中对场地的改造。保持原有地貌还有利于保持土壤，防止水土流失。

- 在需要新建排水结构的区域，应第一时间通过植被、生态桩、生态护岸垫等手段加固新修渠道：5分。

　　这一措施对于防治水土流失也非常重要。

- 对于已经高度开发、没有空间采用生态措施的城市场地而言，应将重现周期为5年且持续时间为24小时的暴雨雨水用于灌溉或其他地方；或排水时严格计时和测量，保证流速不超过基流水平：10分（参

通过与岩石及植被的粗糙表面的接触，水流流速减缓并使沉积物在流经湿地的过程中得到沉降。© 费城水务部（Courtesy of the Philadelphia Water Department）

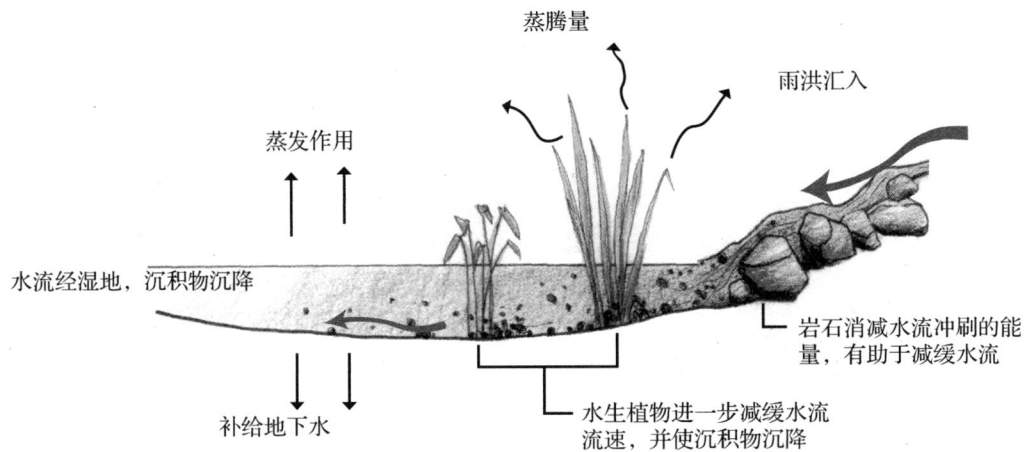

节制坝能够减缓雨洪径流、增加雨水下渗并降低水土流失发生的概率。© 新罕布什尔州埃克塞特戈夫环境服务中心（Courtesy of Gove Environmental Services, Exeter, New Hampshire）

照"水的保护和再利用"）。

- 在全部开放的河道上搭建宽度至少为33 m的植被缓冲带：10分（参照"对关键的生态区域进行缓冲处理"）。

  缓冲带可以使径流在汇入管道之前流速变缓并对其进行过滤处理；同时，缓冲带也在保护生物栖息地和去除水中的污染物方面发挥重要作用。连续的森林河岸缓冲带是保护水生生态系统的重要措施之一。

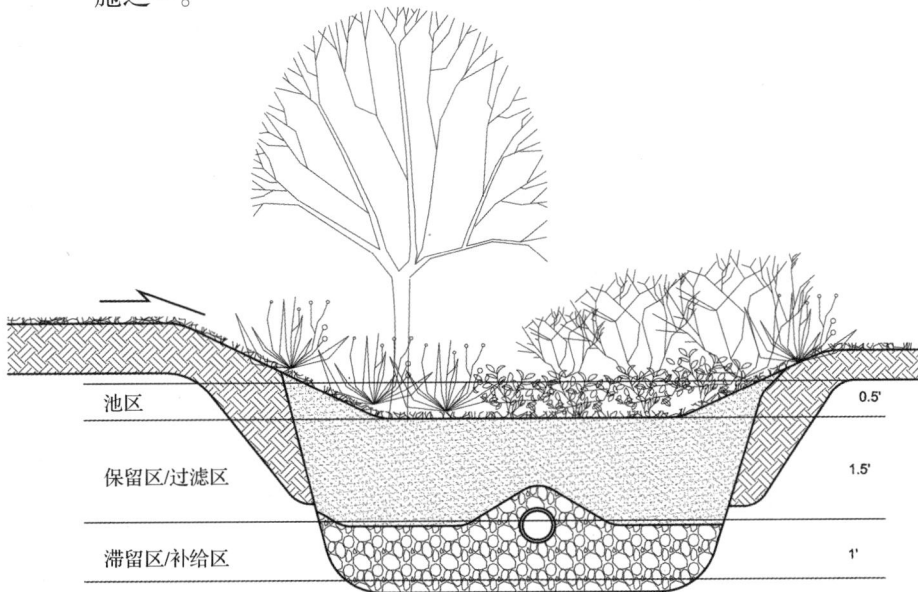

池区   0.5'

保留区/过滤区  1.5'

滞留区/补给区  1'

降水时，水首先集中在花园植被的表层，并很快下渗到渗透层。© 巴尔莫里联合设计事务所（Balmori Associates），改编自景观设计师佐尔瑙·罗素（Zolna Russell）

雨水花园在作为生态滞留池汇集雨洪的同时也对人类和野生动物极具吸引力。© 密歇根州卡拉马祖市凯泽及其合伙人公司（Kieser and Associates, Inc., Kalamazoo, Michigan）

## 非渗透性表面

非渗透性已成为威胁水生生态系统的重要因素。冲刷房屋屋顶和铺装路面的径流中含有较多污染物，与缓慢流经土壤的径流相比，前者的破坏力更大。一项研究表明，美国约有11 300 km²的土地为非渗透性表面，几乎相当于整个俄亥俄州的面积。值得注意的是，这并不是部分非渗透性表面的土地面积总和，而是完全非渗透性表面的土地面积总和。在已开发的用地中，非渗透性表面平均占比约为25%，此类城市的用地面积相当于宾夕法尼亚州、俄亥俄州、弗吉尼亚州和田纳西州面积的总和。

自然水循环从降落在土地上的雨雪开始。水体流经的地方，一部分渗入土壤，一部分被植物吸收，一部分通过蒸发重新回到大气中，还有一部分在屋顶收集的雨水可存储于水箱中，利用简单的设备进行过滤处理后，可用于灌溉或其他地方。© 巴尔莫里联合设计事务所（Balmori Associates），改编自C. M. 维（C. M. Way）和T.H. 托马斯（T. H. Thomas）

塑料铲斗

空塑料瓶

橡胶塞

固定过滤器

浮动水漂

固定容器

浮动过滤器

直径为50 mm的细沙

直径为10 mm的细沙

直径为15 mm的细沙

排水软管

分层过滤器

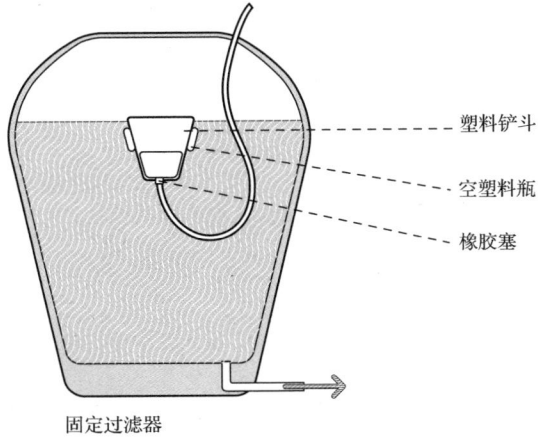

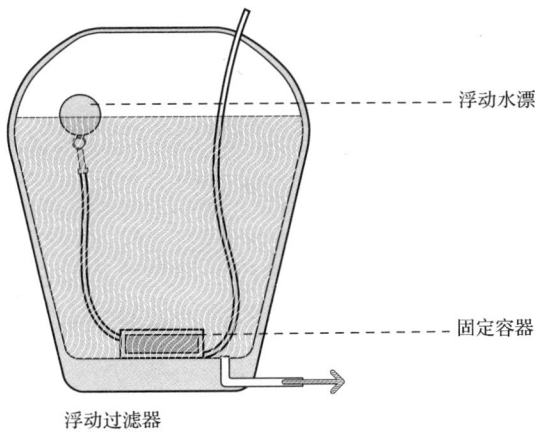

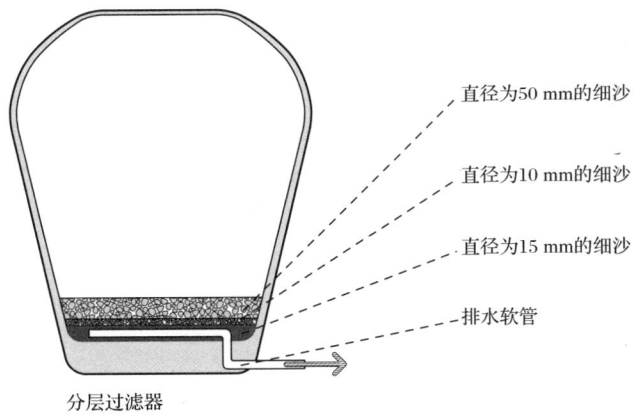

**储水箱和过滤系统图**

通过缓冲带保护河流免受农耕和土地开发的影响，改善水文及生态功能。© 艾奥瓦州立大学自然资源生态与管理系（Department of Natural Resource Ecology and Management, Iowa State University）

地表流淌并最终汇入河川。在功能健全的生态系统中，最后这部分所占的比例最小，通常只有不到10%的降水会直接汇入河流或湖泊中。通过物理蒸发或以生物为媒介的蒸腾作用，重返大气中的水体则再次开始新的水文循环过程。流经土壤和地下含水层的水体经过自然过滤和生物净化处理后，同样渗入河流，可以在旱季增加流量，在雨季减少洪泛。而流经地表的水几乎没有经过任何过滤和生物净化处理，所以不仅不适合植物生长，还会造成河流水位迅速上涨，带来严重的破坏。

许多因素可以影响各种水文循环方式之间的平衡，其中包括地面坡度、土壤特征、植物群落种类和范围以及人为的景观改造。将疏松的土壤替换为屋顶、道路和停车场等硬质非渗透性表面，会造成大量携带污染物的水流向河流，从而导致水土流失、水生生物栖息地被破坏和敏感生物灭绝。非渗透性表面比例是一项便于测量的直观景观特征，因此它被证明是一种预测水生生态系统潜在危险的有效方法。许多科学研究表明：非渗透性表面会增加洪水流量，加剧污染程度，加重河道土壤流失，加速环境和物种多样性的破

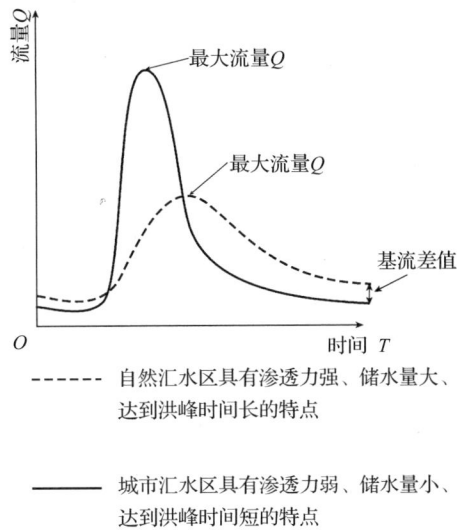

坐标轴：流量 $Q$（纵轴）、时间 $T$（横轴）

最大流量 $Q$

最大流量 $Q$

基流差值

$O$

------- 自然汇水区具有渗透力强、储水量大、达到洪峰时间长的特点

—— 城市汇水区具有渗透力弱、储水量小、达到洪峰时间短的特点

与自然集水区相比，城市汇水区是"瞬时的"，它具备突发的、高峰值流量的特征；未开发的汇水区流量范围相对不突出。© 巴尔莫里联合设计事务所（Balmori Associates），改编自俄亥俄州自然资源部（Ohio Department of Natural Resources）

坏。大量研究也证明了非渗透性表面其实会对环境造成负面的影响，而不仅仅是与环境变化有关联。人们已对非渗透性表面与水生生态系统损害之间的关系进行了深入的研究，并且得出了相同的结论。

有趣的是，由非渗透性表面造成的环境危害并不是随面积扩大而增加的。具体而言，当非渗透性表面接近10%的临界值时，它会对环境的破坏有明显增加；而当非渗透性表面所占比例为25%~30%时，它的破坏强度趋于平稳，不过这在很大程度上是因为水生生态系统已经严重退化，几乎没有进一步恶化的空间了。相比较而言，8 000 m²居住用地中的非渗透性表面通常只占总面积的12%；而在1 000 m²的区域中，非渗透性表面的比例已接近30%。深度开发的零售业、工业以及办公区域的非渗透性表面一般会超过其总面积的80%。

根据非渗透性表面与水生生态系统破坏之间的既定关系，建议在场地开发中将非渗透性表面的比例控制在10%以内，这个目标可以通过制定各种策略来实现。与减小停车场或道路面积等更加直接的途径相比，同样有效的做法还包括将非渗透性表面与雨水管渠分离，用渗透性铺装取代非渗透性材

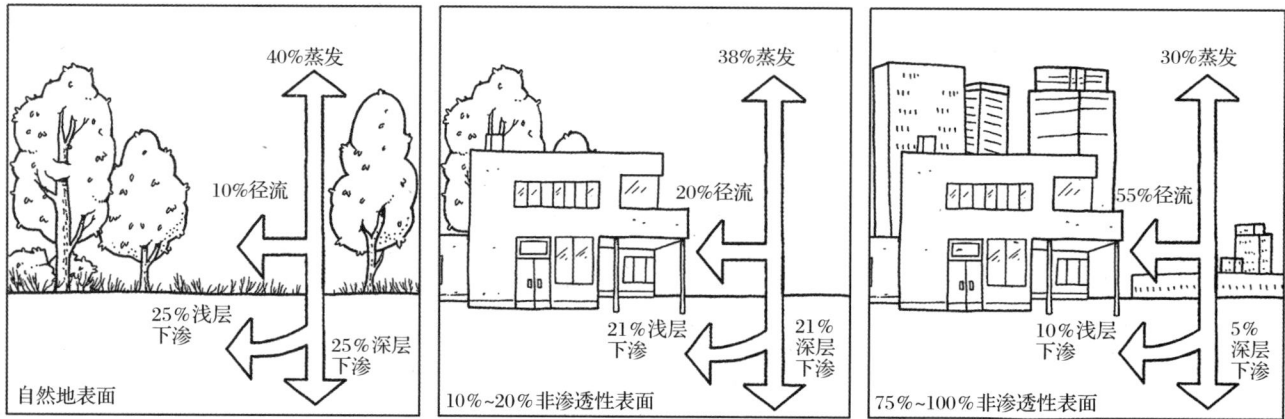

非渗透性覆盖面和地表径流的关系

**城市水系循环图**

城市化会降低地表渗透能力并增加地表径流量。低于10%的非渗透性覆盖率会对当地流域产生重大影响。© 丹尼尔·R. 阿卜杜（Daniel R. Abdo），改编自联邦跨部门河流修复工作组（Federal Interagency Stream Restoration Working Group）

料，采用绿色屋顶以及将停车区的雨水径流引入雨水花园。

在限制非渗透性表面方面有两点值得注意。首先，研究人员仅针对美国干旱地区开展了少量研究，而这些地区与湿润地区的水文周期存在巨大差异。有一项关于北美干旱地区的研究为限制非渗透性表面提供了参考依据。反面证据的缺乏使研究者在提出限制干旱地区非渗透性表面的建议时显得非常谨慎。

其次，限制非渗透性表面涉及效益的多少。可以肯定的是，非渗透性表面会造成环境破坏，但到目前为止，很少有研究可以提供这方面的实证依据，采用管理措施对非渗透性表面进行改善的做法能够在较大范围内减少环境破坏。因此，建议在地区范围内进行大量调查，以证明该做法的有效性。但这种做法还需要通过更大范围内的研究证实。迄今为止，对于缓解措施效果的研究甚少并有待考证，这些研究也用于促进新方法的产生。在充分运用缓解措施的场地内几乎不存在集水区，所以无法预测在集水区范围内产生的聚合效应。因此，正如卡尔·萨根（Carl Sagan）所述："尚未找到证据不代表没有证据。"既然非渗透性表面与环境破坏的因果关系已经获得普遍认可，那么即使它在更大范围内的运用价值尚未得到权威认证，采取缓解措施也是合理的做法。

## 建议

场地水处理设计应确保场地水文条件达到或优于非渗透性表面面积的10%。若如此，则可以实施传统的开发模式。

### 开发商获益

- 减少铺设材料和定期重新铺设材料可以节约成本。
- 降低了维护成本。
- 与非渗透性材料相比，渗透性铺装材料和绿色屋顶的使用寿命更长，总成本更低（本金加操作费用）。
- 可以从敏感的水生系统上游进行场地开发。
- 水量和流速节省了水体传输基础设施的建设成本。
- 利用土壤渗透作用去除污染物，减少了对修复水质的昂贵设备的需求。
- 可以满足美国国家污染物排放削减（NPDES）许可证制度关于暴雨量的处理规定以及最大日负荷量（TMDL）的要求。

### 生态效益

- 通过改善水质、减少灾害性雨洪径流、补充基流以及避免生态环境的破坏来保护水生生物的多样性。
- 利用土壤和植被过滤雨水来改善水质。
- 减少河道冲刷、泥沙悬浮以及水生环境的损失。
- 实现粗软底栖息地以及低流速池的融合。
- 降低雨洪径流量和流速，降低合流污水溢流的可能性，避免对公众健康造成威胁。
- 避免人为造成的低基流流量。
- 减少灾害性雨洪径流。
- 避免雨水在流经阳光照射下的非渗透性表面时被加温而后汇入河

流，造成河流水温升高；而较高的水温会对鱼类造成直接伤害，并降低表层水体中所必需的溶解氧量。

## 策略

* 在不与城市毗邻的乡村地区，限制非渗透性表面（建筑物、停车场、公路、小路）的面积不超过总面积的10%：10分。

注意：郊区和城市边缘地带可以通过开发大面积地块或采取类似措施来限制非渗透性表面的面积，从而促进城市扩张。这些区域不会因为非渗透性表面分散于开放空间而产生环境效益。相反，应该采用以上几项措施来降低有效非渗透性，并保证城市化区域所需要的开发密度。

在此，可以采用美国人口普查局提出的城市定义：建成区拥有 50 000 人口，平均人口密度至少为每 2.59 km² 住有 600 人，再加上建成区外不少于 2 500 人的人口聚集区。

* 限制居住街道的宽度为7 m，而特殊情况下为10 m～12 m：6分。

狭窄的街道虽然减小了非渗透性路面的面积，但同时也降低了交通的通行速度。© 巴尔莫里联合设计事务所（Balmori Associates），改编自波特兰（俄勒冈州）交通运输厅〔Portland (Oregon) Office of Transportation〕

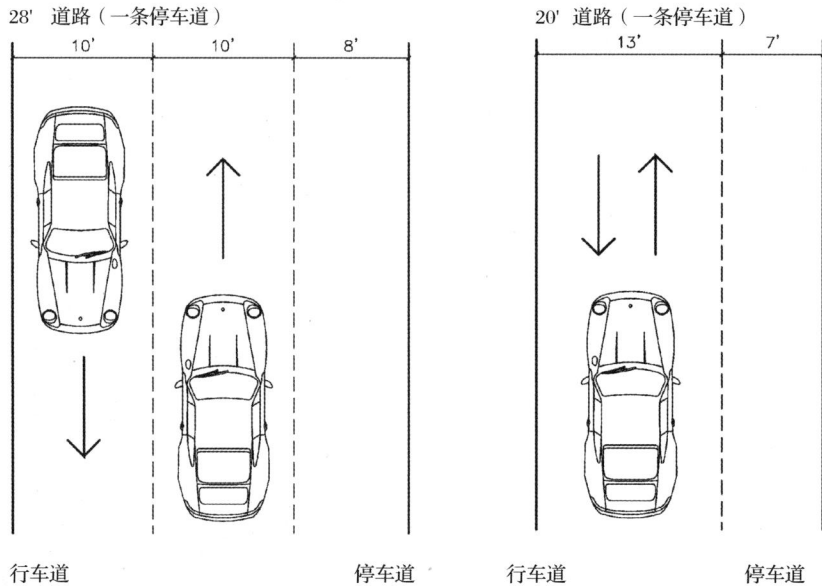

28' 道路（一条停车道）　　10'　　10'　　8'

20' 道路（一条停车道）　　13'　　7'

行车道　　　　　　停车道　　　　行车道　　　　　　停车道

- 优化街道网络结构，限制长度和面积：6 分。
- 不建尽端路，增加街道长度（首选），设计直径为 10 m ~ 14 m 的尽端路或中心植被岛屿：3 分。
- 在建筑物地下建设停车场而非独立车库：8 分。
- 为紧凑型车辆和多人合用汽车提供较小的停车空间：紧凑型车辆的空间尺寸为 244 cm × 488 cm：4 分。
- 限制停车位：7 分。

　　　　住宅：每个住宅单元设 2 个车位。

　　　　汽车旅馆、宾馆、旅店：每个房间设 1 个车位。

　　　　商场：每 93 m² 设 3 个车位。

　　　　专业场所、医院：每 93 m² 设 3 个车位。

　　　　餐馆、娱乐场所：每 4 个座位设 1 个车位。

- 在停车场和车道等低交通流量区域使用渗透性铺装材料：9 分。
- 将停车场 15% 的面积用作雨水花园或生态滞留区，引导停车场径流汇入这些区域：7 分。

将车库建在建筑物下面可以减小建筑物的占地面积，实现绿色空间的最大化并减少不必要的非渗透性表面。© 大卫·贝克及其合作人建筑事务所（David Baker and Partners Architects）

在常规铺装表面，水会流动或反弹；而多孔铺装既可以让水穿透地表，又可以保持表面硬度。© 巴尔莫里联合设计事务所（Balmori Associates）

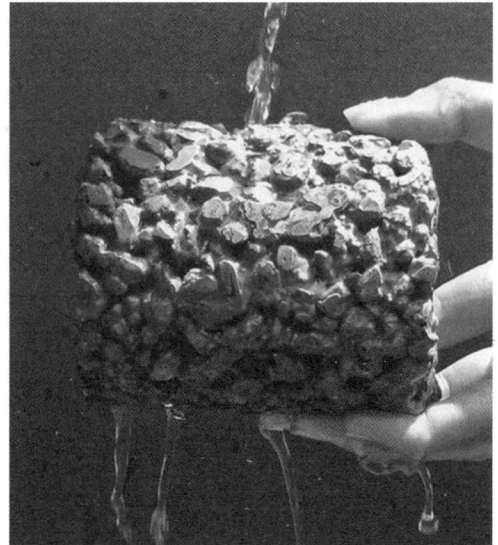

位于北卡罗来纳大学（the University of North Carolina）教堂山（Chapel Hill）分校的停车场同时使用标准沥青（左）和多孔沥青（右）进行道路铺装，左边出现了积水现象。© 卡希尔联合设计公司（Cahill Associates, Inc.）

研究表明：停车场 10% ~ 20% 的面积足够处理径流下渗问题。

- 将非渗透性区域隔离成不连续的版块：5分。
- 在建筑物上安装绿色屋顶系统：10分。

标准沥青    多孔沥青

位于宾夕法尼亚州米尔福德市的格雷塔楼国家历史遗址（Gray Towers National Historic Landmark, Milford, Pennsylvania）的步行道采用多孔沥青铺设并采用砖体进行镶边，道路下部为渗透床。© 卡希尔联合设计公司（Cahill Associates, Inc.）

　　绿色屋顶的设计应具有类似植被覆盖区域的水文功能，以减小有效的非渗透性面积，并提供一定的水质保护。流经绿色屋顶的水质介于流经传统屋顶与自然植被区域水流的水质之间。

- 引导非渗透性表面的径流流向植被覆盖的开放区域或未受扰动的干旱地区的沙地及灌丛中：5分。
- 在干旱期间对雨水径流进行储存和利用：10分。

华盛顿州西雅图市巴拉德公共图书馆（Ballard Public Library in Seattle, Washington）的屋顶绿化具有隔热降温及减少雨水径流的作用。© 美国水文科技公司（Courtesy of American Hydrotech, Inc.）

美国水文科技公司设计的多层屋顶
花园可以在收集雨水的同时保持
较轻的重量，所以几乎适用于各种
类型的屋顶。© 美国水文科技公司
（Courtesy of American Hydrotech，
Inc.）

屋顶花园一般形式

植物
轻置表层土壤
过滤系统
GR30型花园排水层
水分垫
阻根层
沥青防水涂料（MM6125–EV）
表面调整剂
混凝土

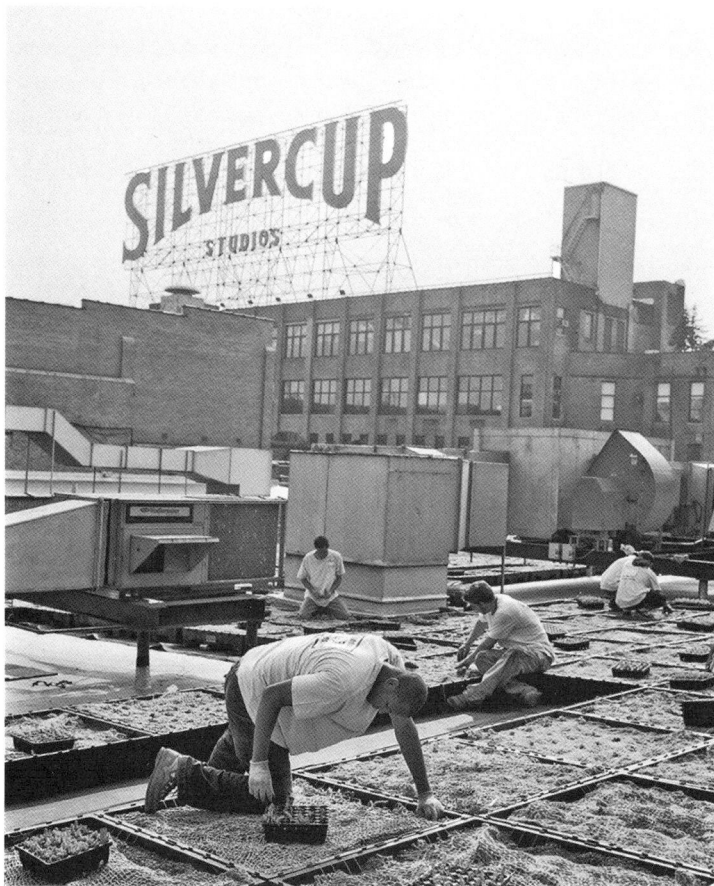

工人在银杯影业及电视制作公司
（Silvercup Studios）的屋顶上铺
设纽约市最大的绿色屋顶。© 约瑟
夫·梅达（Joseph Maida）

这个位于旧金山市的绿色屋顶既有效又美观。© 杰瑞·哈普尔（Jerry Harpur）（照片），安德烈·科克兰（Andrea Cochran）（设计）

绿色屋顶具有管理雨水、吸收热量、净化空气以及提供休闲娱乐空间的功能。© 巴尔莫里联合设计事务所（Balmori Associates）

纽约索拉尔公寓（New York's Solaire Building）屋顶上的竹园既可以清除空气中的污染物，又能吸收热量。© 巴尔莫里联合设计事务所（Balmori Associates）

植被地块打破了非渗透性地表的布局结构，提供了水体渗透的通道。© 凯瑟琳·比恩（Catherine Byun）

集群式房屋建造限制了非渗透性地表的铺装面积，保留了毗邻的大面积绿色植被区。© 杰·威尔逊（Jay Wilson）

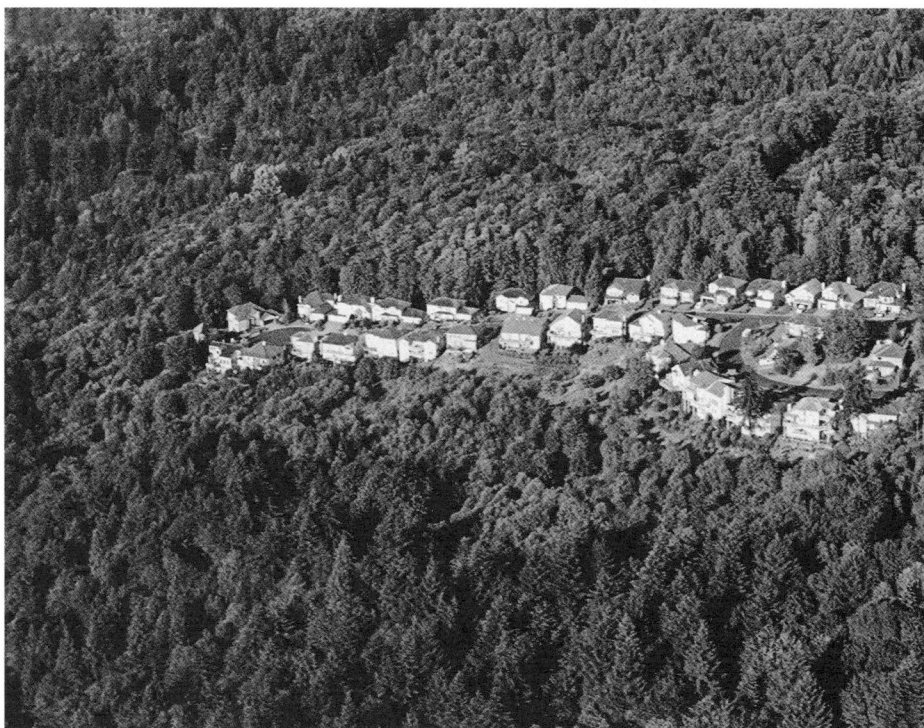

设置储水箱或蓄水池，以吸纳重现周期为5年且持续时间为24小时的降水的径流流量。非饮用水可以满足场地内的灌溉和冲厕所等需求（首选），或缓慢排放到城市排水设施中。排放的径流流量和流速相当于一个非渗透性表面小于10%的场地的径流流量和流速。

- 采用集群式开发，使建筑物紧凑排列，保留大面积公共开放空间：10分。
- 在邻近公共交通的周边进行土地开发：4分。
- 限制施工过程中的土壤板结：4分。

土壤板结（如重型设备移动、土方平整、道路铺设等）仅限于施工区域。非施工区域可以用围栏、平面划定和标牌进行保护。施工后耕作也是一种具有补充功能的预防措施。

## 雨水质量

雨水径流在数量和时间上的改变并不是土地开发过程中唯一与水相关的环境影响因素。降水在流经开发场地的过程中会受到污染，大量的科学研究表明了雨水在化学、物理以及细菌含量方面的问题。此外，受污染的雨水通常会造成大量下游水生生物死亡或对其产生其他方面的重大危害。

将家庭有害废物倒入下水道或随意堆放在地上会污染环境，甚至威胁到人类的健康。© 凯瑟琳·比恩（Catherine Byun）

由森林或其他未受干扰的土地覆盖作为主体的集水区通常可以免受潜在污染源的影响。此外，未受干扰的生态系统能够保持或减少外来污染物的数量。从表面上看，已开发场地的污染源也许并不十分明显。研究表明，这些污染源包括建筑材料的浸出物、用来处理草坪的化学物质、处置不当的家用危险废弃物、机动车的排放物、建筑工地、化粪池、野生动物和宠物粪便、工业设施排水及大气沉积物（在建成区，大气中的污染物更易聚积，并由雨水携带流经铺装地面）。

这些污染源增加了径流中的污染物数量和浓度，其中包括重金属、病原微生物和养分、沉积物、石盐、农药杀虫剂、多环芳烃（PAHs）、诱变剂以及碳氢化合物。无论是参照监管限制规定的标准，还是与危害水生生物已知的污染物浓度水平相比，这些污染物的集中总量过高。相对而言，污染径流携带的污染物总量都大于类似土地表面污水中的污染物总量。

许多保护水质的策略都基于对自然过程的保护和模仿。经过土壤过滤后，水中携带的悬浮泥沙和细菌几乎都可以被过滤掉。大量可溶解污染物（尤指金属和杀虫剂）都可以被土壤颗粒有效吸收，其余部分则由土壤中的微生物降解。植物吸收污染物中的营养物质，可降低水中污染物的浓度。基于上述原因，保证最小透水率、减少径流和促进下渗等策略不仅能将雨洪的实际影响降到最低，而且具有保护水质的作用。这些措施因能产生促进排水和改善水质的双重效益而具备了得分点。

虽然许多其他类似的策略也能通过减少过量径流来保护水质，但仍然存在一些明显差异。首先，尽管雨洪下渗对场地排水没有负面影响，但确实存在污染地下水的风险。同样，蒸散在减少水量方面效果理想，但增大了剩余溶液中污染物的浓度。这些问题应认真考虑，但一般来说，促进下渗和径流蒸发的做法利大于弊。

按照物理性状，污染物可以分为三类，针对每种类别需要采取不同的处理方法。较大颗粒（直径＞1 μm，包括大多数病原体）可以通过静水沉降的方法去除。在这种情况下，沉降池、滞留池或具有开放表面的人工湿地是最有效的处理方法。细颗粒污染物（直径＜1 μm）则不会迅速沉降，必须进行过滤处理。渗透池、沙滤池和潜流人工湿地可以有效去除细颗粒污染物。

这处位于温哥华市的生态过滤系统中，前池收集从附近公路汇入的径流。经沉淀后，污水汇入一个全围合式生态过滤池，其中包含防渗层、沙以及供除污湿地植物生长的基质。净化处理后的水流经一处池塘汇入天然潟湖。© 约翰·格林顿（John Grindon），布林克曼联合设计公司（Brinkman & Associates Ltd.）

溶解物质不能通过沉淀或物理过滤去除，因此必须采用吸附或生物去除的方法。经证实，生态滞留池和潜流人工湿地都能有效去除多种可溶解污染物。在综合采用多种策略时，最好按照由大到小的顺序去除污染颗粒物，因为大颗粒物会阻塞细颗粒物的下渗媒介。因此，滞留池应设置在渗透池或潜流人工湿地的上游位置。

暴雨事件中，洪峰与污染物浓度的最大值之间并不存在精确的时间对应关系。相反，对于许多污染物来说，在流量上升至最高值之前存在一个初始最大的集中浓度，这种现象被称为"初期弃流"，它可以用最低的成本获得最好的雨水处理效果。在很多情况下，相对于暴雨洪峰（通常持续一天或更长的时间）而言，弃流不仅来得更早，持续时间也更短（有时只有1小时左右）。通过预先隔离以及初期弃流处理，可以利用最小的水处理量实现最大的水质效益，关键是要确定初期弃流属于暴雨过程的哪个部分。这个问题可以利用便捷的仪器，通过建模、暴雨测量或连续实时监测得到解决。

除了低影响方法，还可以应用一些高科技方法来减少雨水中污染物的含量，不过它们往往价格昂贵且维护成本高。这些方法包括创新型流域设计和嵌入式处理，以及采用先进的地面处理设备和污水净化系统。它们和低影响开发措施相比，占用的土地面积较小，从而在一定程度上弥补了其价格昂贵和维护费用高的缺点，因此更适合密集开发的场地环境。

模拟水质状态比模拟水流流动情况复杂得多。影响水体中化学物质的输送和发展走向的因素明显多于决定水体运动的基本物理过程。事实上，水体运动本身只是在预测污染物行为之前必须了解的一个元素。对于大型开发项目而言，可以使用模型进行水质预测。但是，使用这些模型时需要对场地特征有专业的认知，而这在中小型项目之中通常是很难实现的。

## 建议

排出场地的雨水的洁净程度应不低于汇入的接收水体。理想情况下，水质应与场地开发之前一样洁净。只要采用前文所述的控制洪峰流量、降低非渗透性铺装影响和控制水土流失的方法对场地景观内的水体进行处理，这个目标就不难实现。此外，还可以采取能显著提升水质处理效果的措施，并且当场地开发密度影响了处理措施的充分实施时，也应采取必要措施。

在设计处理措施方面，重点关注的污染物包括：病原体（粪便大肠菌群、隐孢子虫、贾第虫和肠球菌）、营养物（氮、磷）、重金属（铅、镉、汞等）、碳氢化合物（机油、汽油等）、农药以及其他有机污染物和沉积物。

### 开发商获益
- 水质保护有助于开发商获得美国国家污染物排放削减（NPDES）许可证制度及其他制度的许可。
- 高质量的雨水处理促进了位于生态系统上游敏感地段或供水流域的开发。
- 保护水质的开发项目可以减小来自当地公众的阻力。
- 较低的细菌水平有助于开发商依托湖泊和溪流开发娱乐项目。

### 生态效益
- 低营养水平有效防止了水体的人为富营养化、藻类泛滥以及下游鱼类的死亡。
- 降低沉积物水平减少了携带有毒物质的数量。
- 降低水质毒性有利于保护水生生物中的弱势群体。

- 清洁水体能够给沉水植物提供充分的阳光照射。
- 降低沉积物负荷有利于滤食动物和底部生物的存活。
- 经过渗透处理的雨水可以保持溶解氧的水平，防止对水生生物造成威胁。

## 策略

- 为所有窨井提供配置的插入处理装置：4分。
- 当窨井积满50%时需要进行清污：4分。
- 使用割草机除草，并将草屑用作肥料；或使用树叶及其他庭院废物进行堆肥处理，然后用作场地内肥料：3分。
- 采用其他方法替代石盐（NaCl）进行道路融雪：2分。

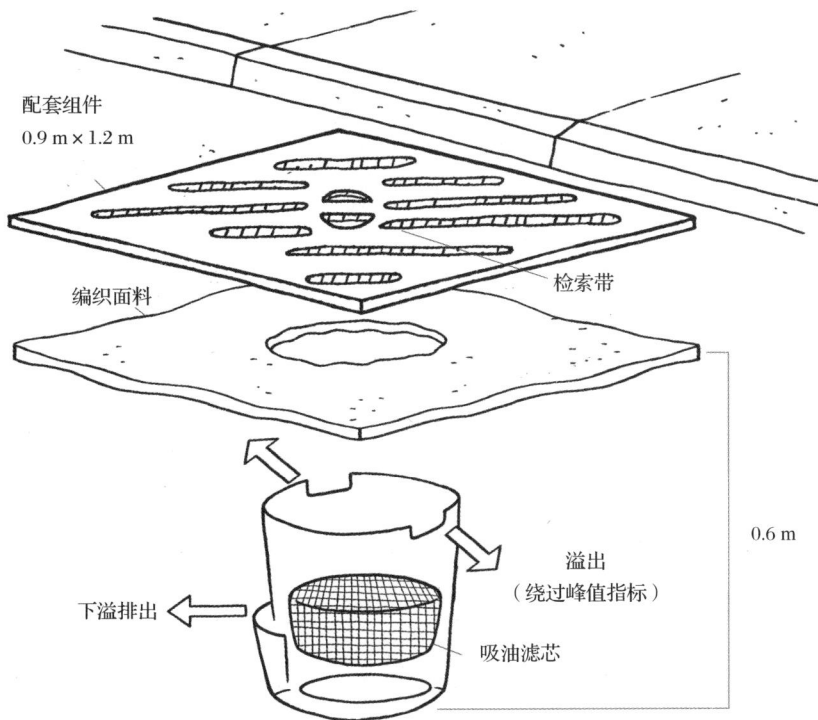

配套组件
0.9 m × 1.2 m

编织面料

检索带

溢出
（绕过峰值指标）

下溢排出

吸油滤芯

0.6 m

滤污器的嵌入

窨井在雨水汇入管道前需要先经过土工布等编织面料和吸油滤芯的过滤处理。© 丹尼尔·R. 阿卜杜（Daniel R. Abdo），改编自密西西比州立大学可持续设计中心（Center for Sustainable Design, Mississippi State University）

使用氯化钙可以避免石盐中的钠离子对环境和健康产生负面影响。醋酸钙镁（CMA）可用于那些没有因醋酸盐耗氧而造成生物需氧量（BOD）危机的区域。例如，无废水排放的受纳水体。

- 设置宠物粪便垃圾袋售货机和标识：2分。宠物粪便已成为城市雨水中主要的细菌来源。
- 化粪池的清理和维护频率不得低于每两年一次：3分。
- 净化化粪池/沥滤场废水：4分。

净化措施可以采用沙滤池、可渗透反应墙、改良微生物处理和有氧强化处理等形式。下水道清理剂对化粪池系统不仅无效，甚至还具有破坏性，所以应禁止使用。

- 利用人工湿地改善径流水质：7分。
- 对于开发强度大且需要对5年一遇的雨水进行存储处理的场地，应对场地上所有不可再次用于灌溉或其他非饮用用途的水体进行处理：4分。
- 除了上述策略，大部分旨在控制现场排水、降低路面非渗透性或控制水土流失的设计方法都有助于改善水质。这些减污措施的具体方法包括：

厨余垃圾和碎纸屑可以被制成肥沃的有机肥料，代替化学肥料。© 2004安德鲁·巴林克斯基（2004 Andrew Balinksky）

割草机可将草切割成极小的草屑，散落在土壤表面；它们容易分解，因此可减少对于肥料的需求。© 1998 维克塔草坪养护有限公司（1998 Victa Lawncare Pty Ltd.）

融雪剂会流入水体中，对植物和野生动物造成伤害，甚至危及它们的生命；如果融雪剂流入饮用水的供水系统，就会影响水的味道、腐蚀管道并污染井水。© 乔治·利森斯基（George Lisensky）、贝洛伊特学院（Beloit College）

沙滤器
（单程）

沙滤与土壤的二次处理

去除病原菌和悬浮固体，
降低生化需氧量

沙滤器
（加压剂量）

土壤吸附床
（加压剂量）

45 cm沙子
15 cm适宜土壤

化粪池

井

深度处理和回收

沙滤器有助于好氧菌的生长，以去除病原体和悬浮固体，降低生化需氧量，
在土壤吸收床进行进一步净化处理

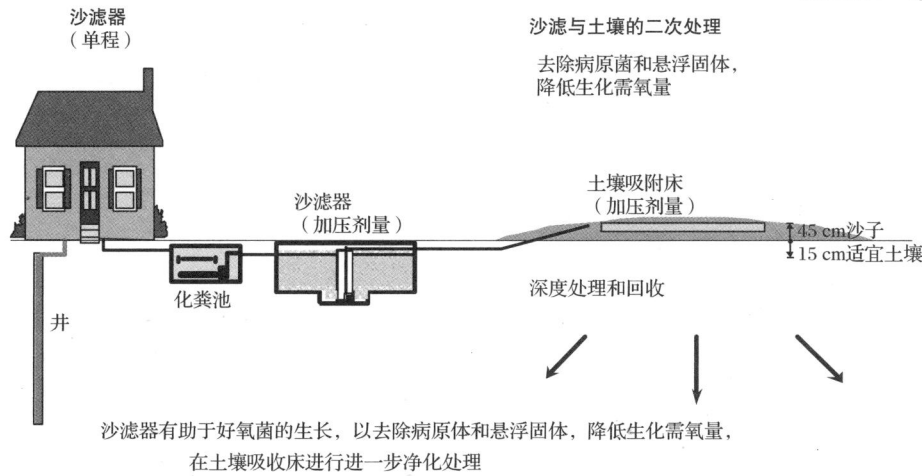

在进入土壤吸附床进行深度净化前，一定量的污水从化粪池进入沙滤器进行细菌处理。© 威斯康星州商务部安全与建造部门（State of Wisconsin, Department of Commerce, Division of Safety and Buildings）

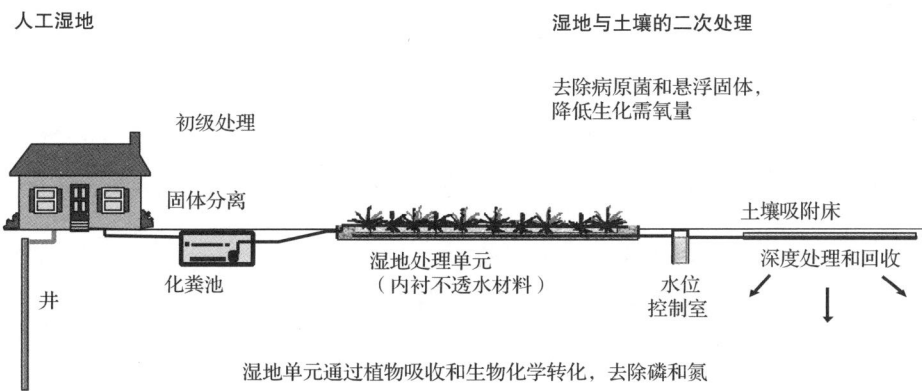

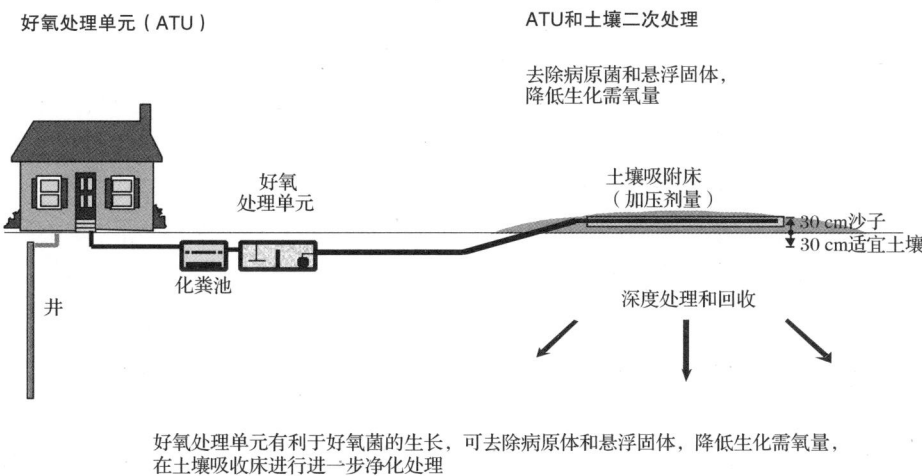

人工湿地

湿地与土壤的二次处理

去除病原菌和悬浮固体，
降低生化需氧量

初级处理

固体分离

土壤吸附床

化粪池

湿地处理单元
（内衬不透水材料）

水位
控制室

深度处理和回收

井

湿地单元通过植物吸收和生物化学转化，去除磷和氮

人工湿地中的植物通过减缓水流、稳定沉淀物和利用根部吸收养分的方式处理化粪池的污水。© 威斯康星州商务部安全与建造部门（State of Wisconsin, Department of Commerce, Division of Safety and Buildings）

好氧处理单元（ATU）

ATU和土壤二次处理

去除病原菌和悬浮固体，
降低生化需氧量

好氧
处理单元

土壤吸附床
（加压剂量）

30 cm沙子
30 cm适宜土壤

化粪池

井

深度处理和回收

好氧处理单元有利于好氧菌的生长，可去除病原体和悬浮固体，降低生化需氧量，
在土壤吸收床进行进一步净化处理

好氧处理单元可以提供一个恒定的空气流动和搅动机制，为细菌创造一个分解有机废物理想的富氧环境。© 威斯康星州商务部安全与建造部门（State of Wisconsin, Department of Commerce, Division of Safety and Buildings）

化粪池中的废水将固体物质沉淀出来（形成污泥层），而脂肪和油脂浮至其顶部（浮渣层）。污水过滤器可在剩余污水进入排放池前截留其中的小颗粒物，防止其堵塞土壤孔隙，并延长化粪池系统的使用寿命。© 丹尼尔·R. 阿卜杜（Daniel R. Abdo），改编自西弗吉尼亚大学国家环境服务中心（National Environmental Services Center at West Virginia University）

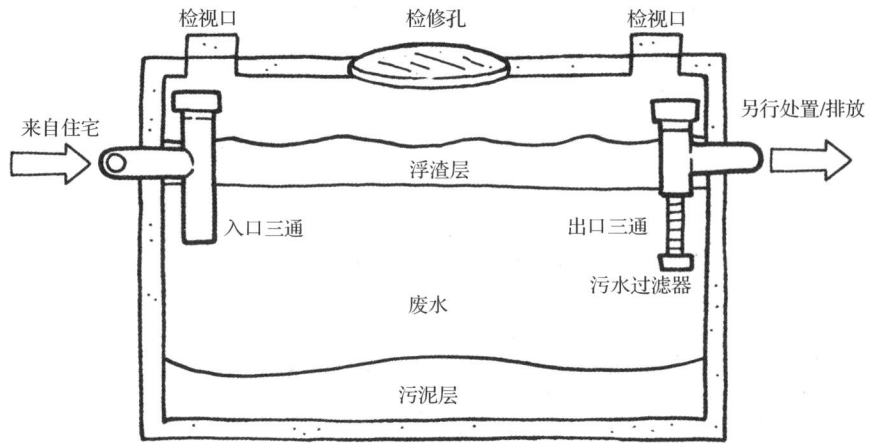

化粪池污水过滤设备

AX20家用水箱构造如下：①为监视器；②为处理箱；③为泵；④为过滤器；⑤为再循环阀。AdvanTex系统就像一个循环的沙过滤器，利用一种精心设计的织物取代沙子。© 图由奥兰科系统公司（Illustration Courtesy of Orenco Systems, Inc.）提供

典型住宅用系统

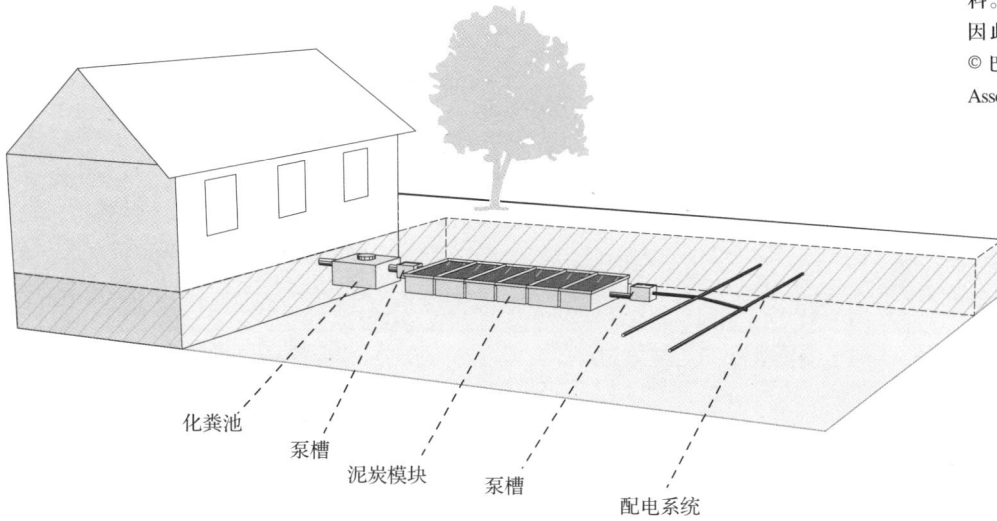

泥炭是一种海绵状的半分解有机材料。它可容留多种不同的微生物，因此在处理污水方面非常有效。© 巴尔莫里联合设计事务所（Balmori Associates）

化粪池

泵槽

泥炭模块

泵槽

配电系统

泥炭模块化粪池系统

雨水花园吸收来自非渗透性建筑表面及路面的径流，对地下水进行补给并净化水质。© 威廉·F.亨特三世（William F. Hunt Ⅲ），北卡罗来纳州立大学（North Carolina State University）

在表流湿地中，污水在植被覆盖的湿地土壤表面流动。而在潜流湿地中，污水渗入植物根系生长的泥土或沙砾中。© 巴尔莫里联合设计事务所（Balmori Associates）

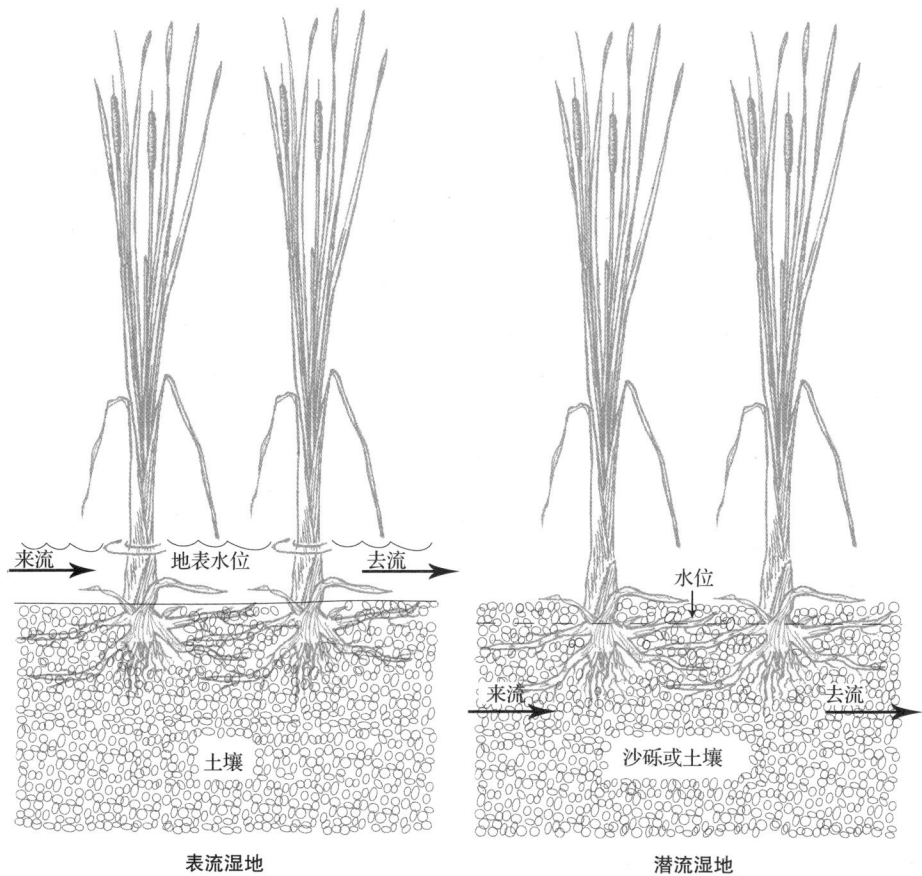

表流湿地

潜流湿地

① 设置植草沟、雨水花园、渗流池、滞洪池和屋顶绿化。

② 保留场地轮廓。

③ 采用植被对沟渠进行快速加固处理。

④ 为水道设置30 m宽的植被缓冲区。

⑤ 采用多种措施减少有效非渗透性表面。

⑥ 采用综合虫害治理措施，尽量减少农药使用。

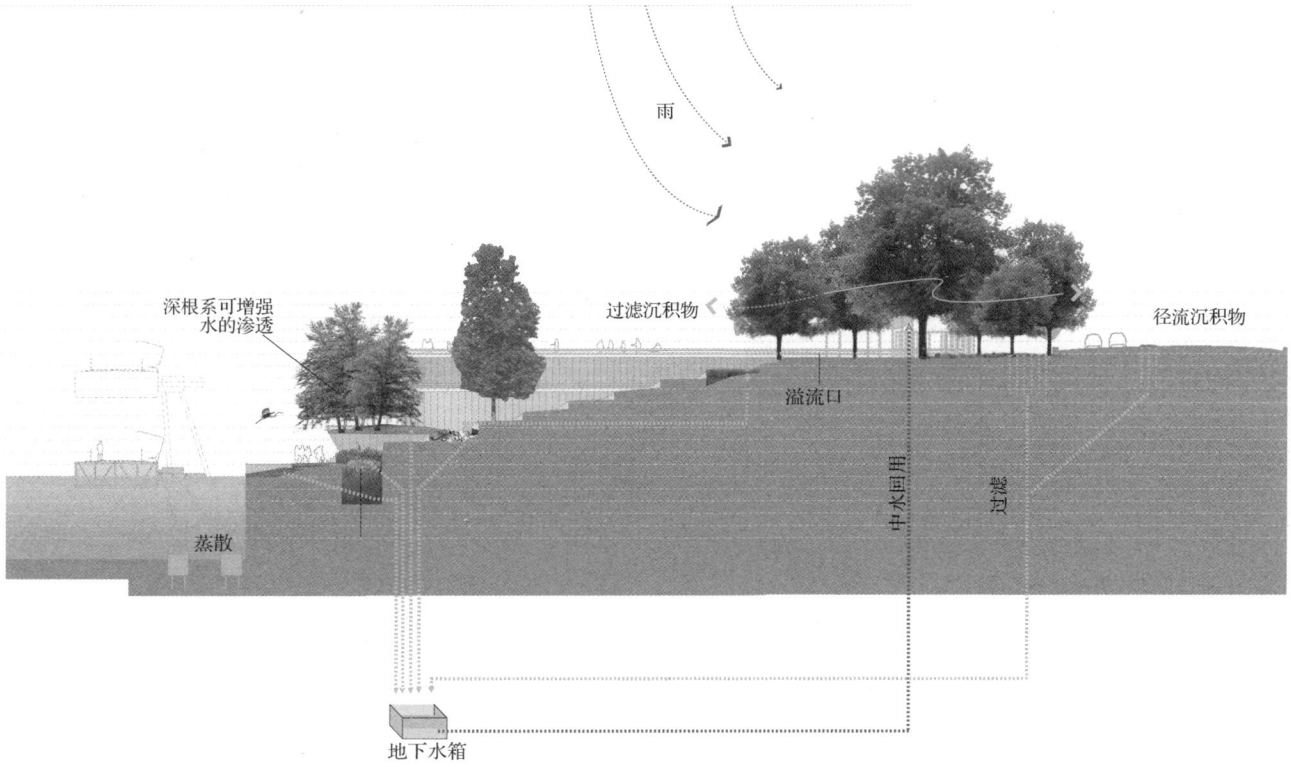

雨

深根系可增强
水的渗透

过滤沉积物

径流沉积物

溢流口

中水回用

过滤

蒸散

地下水箱

地下水箱收集经土壤过滤的水体，它们可被重复利用于灌溉。© 巴尔莫里联合设计事务所（Balmori Associates）

这个水箱可收集来自屋顶的雨水，并将其储存用于景观灌溉。© 芝加哥市，马克·法里纳（City of Chicago, Mark Farina）

## 节水与再利用

水是一种稀缺资源。在美国，水的使用量相当于全部降水未蒸散损失量的三分之一。保存开发场地中的雨水径流，并将其再次利用于景观灌溉、塑造地表水景、冲洗厕所等非饮用水用途。因此，节约用水有助于减少水电费用。而节约与重新利用水资源也向公众传递了关于环境保护的责任与科学管理的信息。

## 建议

尽可能节约和重新利用开发场地内的水资源；减少从场外运水，采用可行的创新设计来满足厕所冲洗、园林灌溉等非饮用用途的需求。

### 开发商获益

- 节省水电费，降低场地的运营成本。
- 减少家庭、商业和工业净化饮用水的消耗。
- 这些设计可为场地的使用者提供愉悦的审美体验。
- 有利于提高公众对水资源重要性的认识，并对影响淡水数量和质量的公共及私人决策产生影响。

灰水源

预处理
化粪池和沙滤器

土壤种植池

排放
灌溉

家庭中水可以被收集，并通过净化用于灌溉。

**生态效益**

- 减少为了维持健康的水体环境和开展人类休闲活动而从水库和地下水源取水的需求。
- 补充水系基流。
- 减少饮用水不必要的使用，从而节约资源。

**策略**

- 对于那些用地空间不足、无法采用生态工程措施的密集型开发的城市地块，应全天候收集重现期为5年的所有降雨，将其再利用于灌溉等用途：10分。

  5年一遇的暴雨降水量仅比2年一遇的暴雨降水量高25%，所以储存多余降雨量的成本微不足道。当场地植被的需水量小于收集雨水量时，可以以不超过类似未开发场地基流水平的速度进行排放或用于其他用途。

- 园林景观应选用适地性的原生、耐旱、非入侵性的植被材料：4分。

仅靠降雨就可满足本土野生花卉生长所需的用水。© 戴安娜·巴尔莫里（Diana Balmori）

位于华盛顿班布里奇岛布洛德保护区（Bloedel Reserve）的苔藓花园，充分利用普吉特海湾温和、湿润的气候条件，造就了厚如地毯的青苔。© 景观设计师，里奇·哈格（Rich Haag）

在干燥的气候环境中，应采用耐旱植物。© 戴安娜·巴尔莫里（Diana Balmori）

种植需水量不超过本地降雨量的植物，并以非渗透性地面收集和存储的雨水作为其灌溉用水，尤其适用于干旱的气候条件。

· 收集来自非渗透性表面的雨水，并将其引导至需要灌溉的花园区域：5分。

在发生暴雨时，这片草坪上的碎石可以使雨水渗入土壤并最大限度地促进水分蒸发。© 加贝·贝诺伊特（Gabe Benoit）

第三章

# 土壤

## 水土流失及其治理措施

水土流失是因土地开发而引起的严重的环境问题。悬浮的泥沙沉积物会阻止沉水植物对阳光的吸收，影响滤食性生物的组织结构，掩埋栖息在海底的生物群落，极大地改变了水生生物的栖息环境，而且还会携带大量重金属和有毒有机污染物。美国环境保护署（EPA）的数据显示，水土流失被认为是美国非点源污染（NSP）的主要来源。但令人意外的是，与农业用地相比，城市土地开发引起的泥沙污染更严重，每4 047 m²建筑工地上流失的泥沙量是农业用地的10倍，甚至20倍。场地受建筑活动干扰后的土壤侵蚀率是干扰前的40 000倍。绝大多数水土流失发生在暴雨之时，沉积物被水流冲走，而在施工场地的平整阶段，沉积物的流失最严重。

与土地开发过程中其他的环保工作一样，科学合理的规划至关重要。一些因素会影响水土流失的程度，其中植被类型和其丰富程度、土壤特性、地形和天气的影响最为明显。为了减少水土流失，应限制植被砍伐，避开土壤结构脆弱区和远离陡峭的长坡道；此外，还应根据当地气候状况（生长季节和雨季）安排施工。所有这些因素都应被纳入防治水土流失和泥沙侵蚀的规划中。

大量用于控制场地排水和改善雨水质量的措施也可以有效防止水土流失

植物根系有助于稳固土壤。植被一旦遭到砍伐，陡峭的山坡很快会发生严重的水土流失。© 沙巴州林业局（Sabah Forestry Department）

和泥沙流失，这些措施包括：植草沟、拦沙坝、人工湿地、雨水花园以及下渗池。然而，一个主要的区别在于大部分水土流失发生在施工阶段，所以需要对这段时期采取有针对性的措施。为了减少建造过程中的水土流失以及进行泥沙防治，人们制定出了一系列结构和程序性措施（最佳环境管理措施或BMPs）。这些措施包括草砖墙、淤泥围栏、沉沙池以及各种扰动土壤的覆盖物。但令人意外的是，能够证明这些措施有效性的科学数据极少；同时，大量的相关资料与观测数据显示：这些措施通常效果不佳甚至毫无价值。科学数据的缺乏也表明施工阶段的最佳流域管理措施存在不足甚至完全无效。

虽然，现有法规强制要求施工过程防治水土流失，但目前的监管体系缺乏有效的标准来规范操作程序。本书建议采用一种能够在很大程度上（在时间维度和空间维度上）避免土壤扰动的方法，也就是使用最佳流域管理措施密切监控实施效果，然后对水土流失控制规划进行相应调整。若是较大的项目，则将水土流失防治工程外包给承包商，使其独立于其他工程之外单独实施，这样也会产生很好的效果。

## 建议

防止施工现场的水土流失和泥沙悬浮。将场地水流控制到最小，减少对下游河道的冲刷。尽量减少现场土壤扰动，快速稳定扰动区域。转移或者控制流入场地的水流，防止满载泥沙的雨水径流流出场地。采取控制措施减缓雨水径流的流速，促进雨水下渗，冲刷沉淀物质。检查和监控实施效果，并根据需要调整管理策略。

### 开发商获益

- 符合水土流失控制规定。美国国家污染物排放削减（NPDES）许可证制度规定：所有大于 4 047 $m^2$ 的施工作业都需要申报许可证。
- 购房者和房地产经纪人一致认为绿色场地的价值高于棕地（扰动土壤），而增加的土地价值远远高于保留植被和土壤覆盖的费用。
- 防止车辆进出携带泥沙，这样可以减少公众对建筑工地最常见的投诉。
- 降低了定期清除输水管道中泥沙沉积物的成本。

### 生态效益

- 阻止河道中沉淀物的进入，有利于保护水生环境中的砾石基底结构和复杂的河道特征，防止其被大量泥沙沉积物掩埋。
- 减少地表水的悬浮沉淀物，防止其阻挡水生植物所需的阳光和影响滤食动物组织结构或掩埋栖息在海底的生物。
- 减少污染生成量，这是因为重金属和其他有毒污染物能够与细颗粒状泥沙混合，并被一起携带进入河道之中，从而威胁水生生物的生存和公众健康。

**策略**

- 准备场地水土流失控制地形图并制定规划：必要。

    水土流失的防治和沉淀物的控制规划应明确各类场地标识（例如，地形、排水、水系特征、土壤和敏感区域），制定土地平整规划（如规划前后的场地轮廓、其他土壤扰动区、表土和底土的储备区）和施工分期时间表（考虑生长季），并提出防治措施（划定的缓冲区、泥沙沉积控制区的位置，土壤保护覆盖物的材质和检查图表）。控制规划应详细介绍防治水土流失的措施，并提出替代方案，在初始措施未能有效防止水土过度流失时使用。

- 只对将被列入施工建造区域的土地进行清理和土地平整作业：12分。

    将扰动土壤控制到最少是防治水土流失的关键；施工时应只清除建筑物基底以及最小围护结构区域的土壤，包括建筑物基底、道路、行车道和停车场；围护结构应距离建筑物边缘不超过10 m，且距离其他构筑物不超过5 m；对于需要保护的区域应设置围栏和指示牌。

- 分期施工，同时将土壤扰动降低到最小：9分。

    一个场地的水土流失程度通常与受到干扰的土壤规模成正比。分区、分时、分期的施工措施能够减少受扰动土壤的有效面积。项目实施中，应等前一个干扰区通过植被种植得到永久性水土保持之后再开始对新地块土壤进行施工。这里可以采用覆盖材料进行水土保持，不过在植被建立起来之前，需要实施持续监测并对覆盖材料进行更新。

- 按照水土流失控制规划的要求，在清理场地之前，应建立适当的水土流失控制系统来减少水土流失，并控制整个场地的排水：8分。

    水土流失控制措施包括采用铺设垫子、覆盖物、草皮或草籽植草的方式进行水土保持。径流控制包括地形地貌处理，即减缓水流通过地表的流速，如正确安装加固的淤泥围挡和干草捆挡墙，在小的排水道上安装拦沙坝、设置洼地、筑堤坝以及堆肥沙堤。这些方法能够有效减小排水场地面积，并将径流导向植被覆盖区或渗滤池。径流最终在场地边缘得到收集和处理，从而防止严重的水土流失。根据沉积物的性质，人们可以采用沉降池、下渗洼地等方式。

淤泥围挡和干草捆挡墙得到了广泛应用，但即使安装正确，也很容易因使用不当而无法发挥其功效。这两个系统都需要将底部埋于地下来固定，并且因为干草捆容易发生裂口而破坏其有效性，所以处理时需要非常小心。这两个系统仅对坡面径流起作用，因此很少被安装在排水道中。它们的功能就像一座临时水坝，水质过滤能力非常有限。而使用堆肥和木材废料（作为覆盖物或护堤）等方法则展示出了相当大的潜力；秸秆覆盖等传统技术也已证实比喷播和使用聚丙烯酰胺等新型技术和材料更加有效。显然，这方面非常需要进一步的科学研究和专家指导来直接防治水土流失。

防治水土流失和径流控制措施的相对低效意味着水土流失防治项目中应包含必要的替代措施。同时，在造成土壤扰动之前使各项措施实施到位也是非常关键的。

- 坡度为7%～17%的土地不应清除植被；如果必须清除该斜坡的植被，清除后应立即用垫子、毯子、覆盖物、植被、草皮或类似材料来稳固土壤：5分。

场地坡度对水土流失有着重要影响，而水土流失的速度大于斜坡角度增大的速度。坡度与水土流失率之间的变化关系是连续的，没有明显的拐点（突然增大的情况）。其整体分布可以用三条线段表示，分别涵盖0～7%、7%～17%和大于17%的土地斜坡范围。这种关联性是选择三类坡度等级的依据，而该分类法也与其他专家的建议一致。

如果建筑工地经常在裸露区，采取及时的防护措施，将会达到很好的效果，而对于斜坡坡度小于7%的场地则没有必要这样做。

- 坡度大于17%的斜坡不应清除植被：5分。

由于各种复杂的原因，水土流失（每个单位面积内的受扰动土壤）通常随着坡道长度的增大而加重。20 m长、坡度为17%的陡坡照片上的淤泥围挡无法阻挡围栏一侧的沉积物。© M.D.斯莫仑（M. D. Smolen），俄克拉荷马州立大学（Oklahoma State University）

淤泥围挡通过收集雨水径流中的土壤颗粒来控制泥沙淤积。© F. 爱德华兹，阿肯色大学（F. Edwards, University of Arkansas）

与60 m长、坡度为12%的中等斜坡以及300 m长、坡度为7%的缓坡的情形相似；60 m及以上长度的中等斜坡应采用陡坡的处理方式。

- 溪流、水道和湿地沿线应预留至少15 m宽的施工缓冲区：5分。

　　15 m的缓冲区仅适用于施工建设期间。完工之后，需要设置一个30 m宽的缓冲区。如果必须在河道交叉点等水道周围15 m的范围内施工，则需要使用相关的工程技术方法来防止河道水土流失，并保护水体不被沉积物污染。

- 合理安排施工进度，充分利用良好的植被生长条件：4分。

　　土壤扰动施工作业的安排应确保植被可以在良好的气候条件下迅速重建。

- 监控施工活动中的废水浊度，同时密切关注降雨情况。如果没有达到基准数值，则须调整相应水土流失控制措施：必要。

　　水在排离场地时的浊度不应超过100 NTU（NTU是浊度单位的缩写）或不超过受纳水体浊度的10倍，以较少者为准。

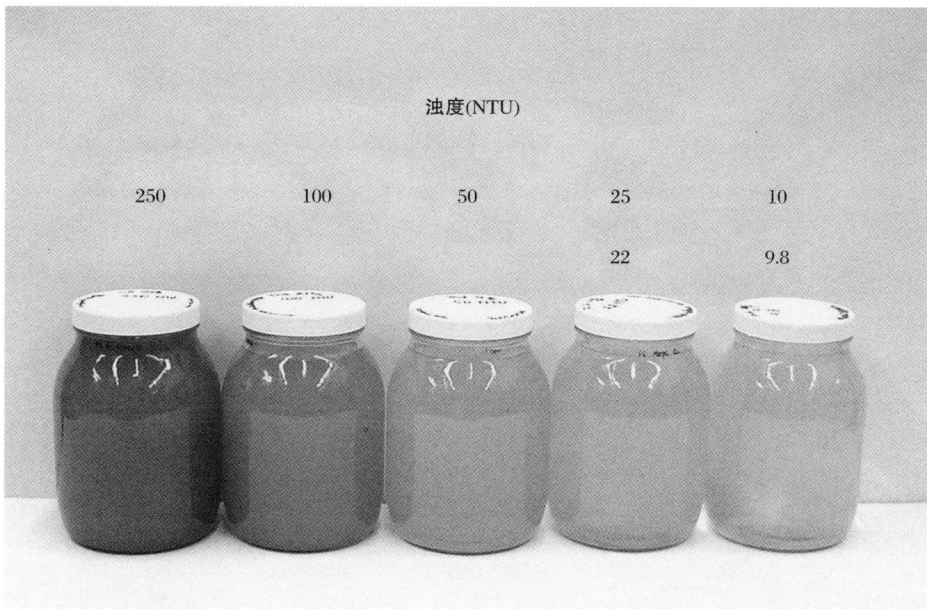

固体物质的微粒不会在水中沉淀，反而会使水体浑浊。© 北卡罗来纳水质监测分部（NC Division of Water Quality）

高浊度的水体会阻挡阳光的照射，使得水体底部过度沉积，从而造成植物死亡并破坏动物栖息地。© 巴尔莫里联合设计事务所（Balmori Associates），改编自明尼苏达州污染控制机构的图像资料（Minnesota Pollution Control Agency graphic）

清澈水体的透光性良好
· 大型植物数量多
· 水底干净清澈

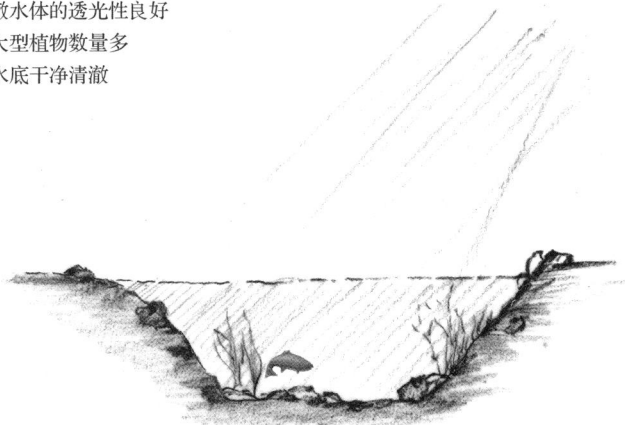

（a）清澈水体

浑浊水体的透光性较差
· 大型植物数量较少
· 水底有沉积物

（b）浑浊水体

清澈水体与浑浊水体的对比

## 土壤健康及其完整性

土壤就如同地球的肌肤，是健康生态系统的重要组成部分。土壤中含有矿产资源、有机物质、水以及天然气，其中生活着大量植物、动物和微生物。土壤结构复杂，12个土纲中的每一种类型都有其特定成分和分层结构（称为土壤层）。保护土壤是保持多种生态系统功能——从植物生长到水体净化的关键。

除了水土流失外，对土壤构成最大威胁的可能是土壤压实。在工程车辆的重压之下，土壤错综复杂的结构会发生不可逆转的改变。一旦现有土层被移除或破坏，可能需要几十年甚至几百年才能产生新的健康土壤。

## 建议

在没有建筑物或地面铺装的区域，应保持土壤的健康和完整。

### 开发商获益
- 更换储备表层土壤比购买新土壤的费用低。
- 储备表层土壤内含有本土植物的种子库，更加适合当地的气候条件。

### 生态效益
- 健康的土壤有助于调节水文循环，能够最大限度地减少泥沙流失、净化水体和滋养本土植物。

### 策略
- 对于受到扰动并在施工之后需要重建植被的区域，应移除并储存其表层土壤，并在施工结束后重新铺设：6分。

- 避免压实土壤，以保持土壤结构和导水性：6分（只有在既限制施工区域面积，又采用低影响施工方法时才会加分）。
- 通过农耕或其他方式来恢复受压土壤的结构和导水性：5分。

第四章

# 空气质量和小气候

　　土地开发会对空气质量和小气候产生显著影响。本章讨论的重点包括扬尘、树木的益处以及产生空气污染前体物质的植被。灰尘中含有大量与多种疾病相关的可吸入颗粒物PM2.5与PM10。PM2.5为直径小于2.5 μm的颗粒物，而PM10为直径小于10 μm的颗粒物，这两种细微颗粒物都可以随人的呼吸进入肺部。在某些地区，施工工地是大气扬尘的主要源头。

　　一方面，许多植物会产生挥发性有机化合物（简称VOCs），在城市环境中，它们可以在阳光的作用下与人工物质结合形成烟雾。研究认为，在美国，植被排放的VOCs占排放总量的一半，而VOCs正是烟雾的前体物质。另一方面，植物可以降低多种空气污染物的浓度，有利于改善空气质量。与土地开发有关的还有建筑物对空气质量产生的直接影响，但本书暂不涉及有关此问题的研究。对空气质量产生的其他间接影响还包括工地往返交通以及材料的内部能量，这些问题将在后面章节中论述。

　　小气候的变化，尤其是场地空气温度、湿度以及风速和风向的变化，都会受到土地开发活动的强烈影响。树木通过提供荫蔽、降低周围环境温度和阻挡寒风来调节小气候。除此之外，它们还具有降低噪声、吸收二氧化碳、提供生物栖息地、释放氧气、稳固土壤、美化景观和提升房地产价值等作用。大量研究已经证实：无论是在私有房产中还是在社区之内，树木都会对小气候产生有益影响。例如，研究发现一个小公园（面积约为0.6 km²）可以使下风区1 km以内的繁华商业区的空气温度降低1.5 ℃，这可以明显降低商业区的空调能耗；树木的存在甚至有助于降低犯罪率。为了实现环境效益的最大化，种植树木时应参照本章接下来策略部分的要求，充分考虑树木的数量、大小、种类以及种植位置。

热岛效应指的就是城市化地区常会出现的高温现象，主要成因在于建筑和道路铺装的深色材料会吸收更多的太阳热辐射，而树木则能够将太阳光线反射回天空，为地面提供荫蔽，并在液态水转化为水蒸气的过程中消耗热量（即植物的蒸腾作用）。因此，除了保留原有树木和种植新树木外，使用浅色的道路铺装材料和屋顶装饰材料也是一种减轻热岛效应的方法。

开发地块内部的战略性组织布局和建筑物排列虽有助于控制空气污染物的扩散，但因其实际效果比较复杂，而个体开发商通常难以控制，所以目前仍无法给出简单可行的建议。

## 建议

尽可能保留场地内健康的成熟树木（成熟树木是指已经具备开花和繁殖能力并达到最大生长高度50%的树木）。尽量减少因施工建造活动产生的扬尘量，把握盛行风的方向和季节性，栽植新树木用于防风和为建筑物提供荫蔽。

### 开发商获益

- 树木可以遮挡邻里的视线，达到更大的开发密度。
- 树木可为建筑物、人和停车场提供荫蔽，并起到节能作用。
- 植被通过反射太阳光以及利用热能进行蒸腾作用，使场地在夏季保持凉爽。
- 降低扬尘可以最大限度地减少附近社区居民对项目施工的投诉。
- 拥有成熟树木的场地和其他场地相比，具有更高的地产价值。
- 种植位置得当的树木可以为场地遮风和吸收噪声（比如交通噪声）。
- 树木可以改善场地的外观环境。

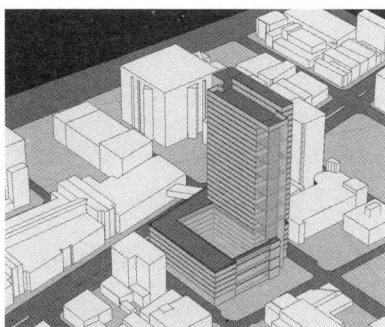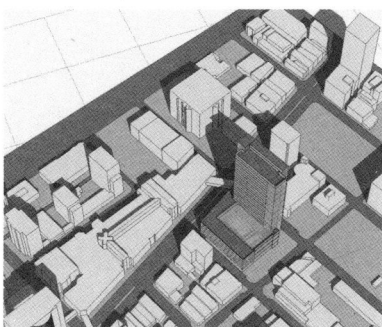

方案A

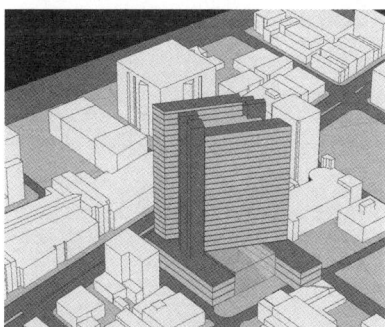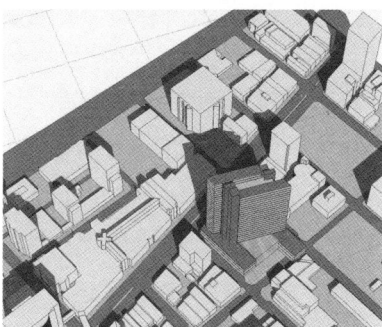

方案B

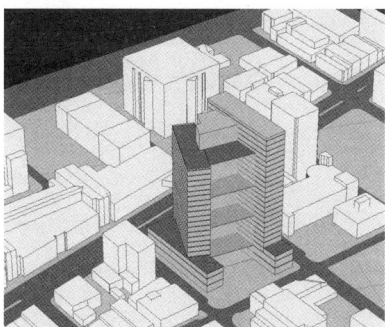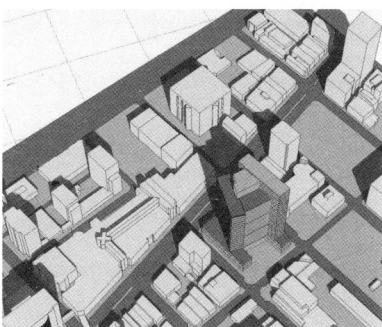

方案C

德国Transsolar公司针对几种建筑组合方案进行了荫蔽和风速研究，最终选择了方案C。因其在三个方面表现最佳：建筑物的高度最大限度地降低了地面风速，并为北侧广场提供了荫蔽；在加拿大温尼伯，不管是在空气加热方面还是在建筑表面热损失方面，热能都是相当重要的；方案C中南向大中庭的助于吸收和利用太阳能。© 2006 加拿大曼尼托巴水电公司（2006 Manitoba Hydro）

### 生态效益

- 树木通过光合作用产生氧气，并吸收导致全球变暖的二氧化碳。此外，树木还能够减少臭氧和颗粒物等空气污染物。
- 树木根系可以稳固土壤，防止土壤流失，在岸边和陡坡上的效果尤为明显。
- 健康的植物是地上和地下两部分生态系统的重要组成部分；植物为野生动物提供栖息场所以及食物来源。

### 策略

- 设计一个粉尘控制方案：必要。

    粉尘控制方案结合一系列类似的辅助措施可以最大限度地控制粉尘并防止水土流失，这在干旱的气候环境中显得十分重要。
- 项目动工前应编制场地成熟树木清单，以明确每个树种的数量和大小：5分。

    即使初学者也能够轻松辨识树种。树木的大小一般由从地表到与胸齐高处的树干的直径表示（即胸高直径，简称胸径DBH）。
- 保留场地内除建筑物及最小施工范围以外的成熟树木：10分。

    为避免树木和其他植被遭到意外破坏，应向项目施工方告知关于植被保留的明确要求。

在施工过程中利用围栏或标识对树木进行保护。

- 若场地本身植被稀疏，工程竣工后需要补栽本土树种：7分。

    只能栽种本土树种或非入侵性的外来树种。
- 在建筑物的南侧栽种落叶树种，可以在夏天提供荫蔽：2分。
- 在停车场的雨水花园中栽种本土树种或非入侵性的外来树种：7分。

    这类场地中的树木有助于促进水的下渗和蒸腾，同时为车辆和将来可能铺设的吸热路面提供荫蔽。只能栽种本土树种或非入侵性的外来树种。
- 湿润或快速稳固扰动土壤，防止尘土飞扬：3分。

树木能够降低噪声，减缓风速和减少空气污染。而拥有成熟树木的场地比其他场地具有更高的地产价值。

上图：© 凯瑟琳·比恩（Catherine Byun）

下图：© 戴安娜·巴尔莫里（Diana Balmori）

树木通过调节温度、过滤空气和阻挡风势来改善场地内的小气候，同时树木还能美化环境。© 凯瑟琳·比恩（Catherine Byun）

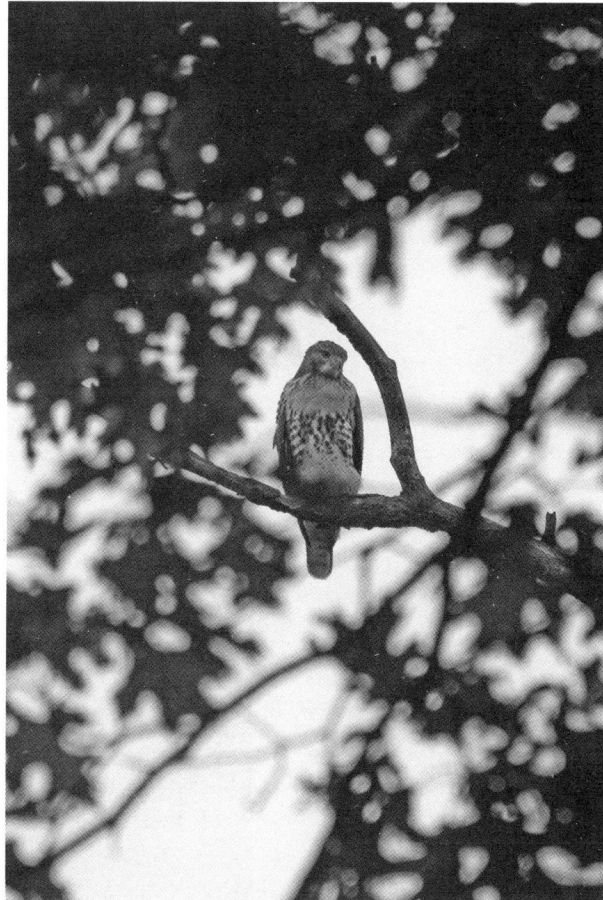

场地内保留的成熟树木可为野生动物提供栖息场所，如在纽约市发现的红尾鵟（*Buteo jamaicensis*），需要在城市中的高大树木上进行繁殖和捕食活动。© 2005 阿瑟·米德尔顿（Arthur Middleton, 2005）

- 确定施工场地内的风向和强度：2分。

　　使用免费软件和一些必要数据便可以快速制作美国任何地区的风向图。

- 种植常绿植物以阻挡冬季盛行风：2分。

　　仅一排高密度的防风林便可减少15%的取暖能耗。

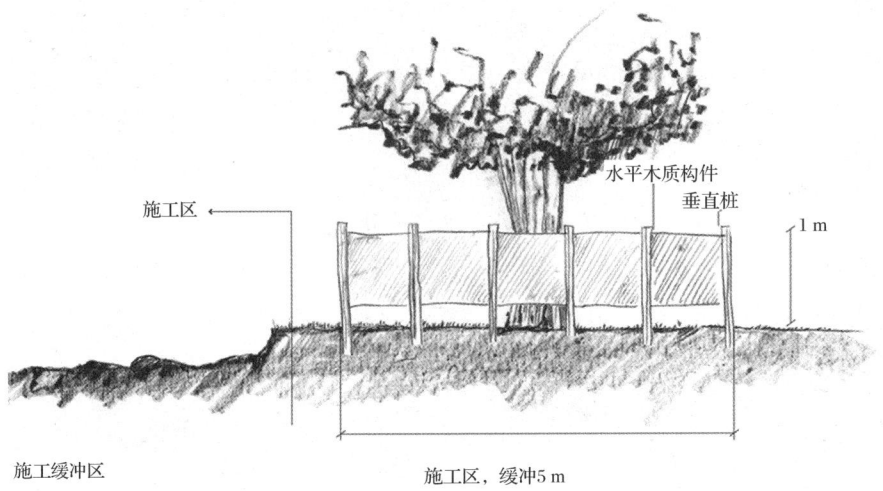

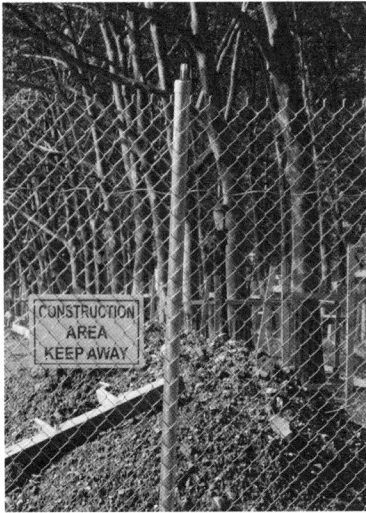

施工区

水平木质构件

垂直桩

1 m

施工缓冲区

施工区，缓冲5 m

明确标识施工围挡，可以防止人以及被保留植被在施工过程中受到伤害。© 安德里亚·曼丁（Andrea Mantin）（图片）© 巴尔莫里联合设计事务所（Balmori Associates）（制图）

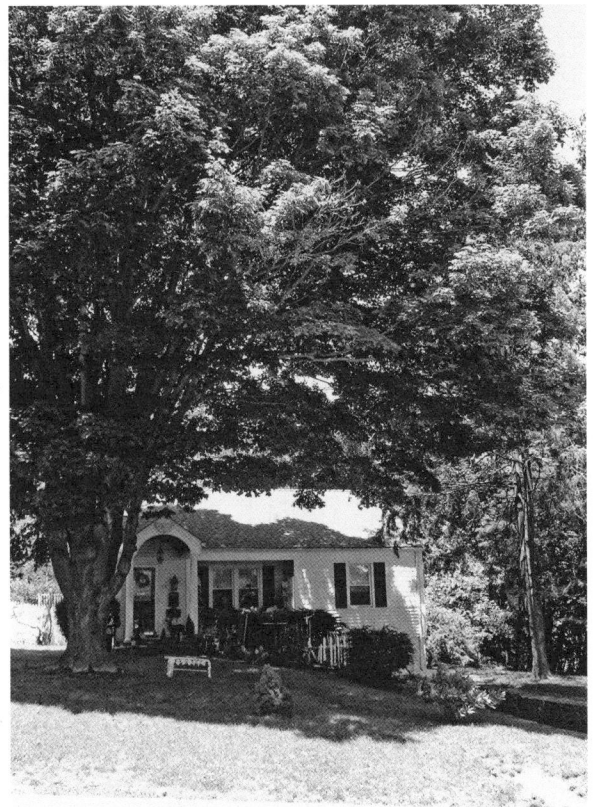

落叶树木在夏季可提供凉爽的荫蔽，在冬季透射阳光温暖场地。© 凯瑟琳·比恩（Catherine Byun）

- 为夏季盛行风提供开放通道，以形成自然降温：2分。

  如果需要砍伐一些树木，可在场地的其他地方种植新树木作为补充。

  许多植物都会产生碳氢化合物和氮氧化物等可以引发空气污染的前体物质，因此建议种植空气污染前体物质释放量低的植物。
- 在风能较丰富的地方采用风力发电机组发电：6分（节能奖励）。

第五章

# 生物资源

## 生物资源保护计划

　　人类活动和土地用途变化导致的生物多样性损失已在过去十年间引起了全球广泛的关注。人类活动导致的物种灭绝率已达自然灭绝率的百倍，甚至千倍。一项针对濒危物种的分析表明，栖息地丧失和外来物种入侵是威胁物种生存的两大因素。栖息地丧失包括破坏种群动态、扰乱和分裂栖息地结构所带来的不良影响。本章以及本书后续章节中针对生态建设和土地开发提出的建议主张采取相关措施来减少场地开发对生物多样性的威胁。建议采取可行性措施尽可能保护大面积栖息地，制定相关准则以减少因建筑物和基础设施建设而造成的栖息地碎片化影响，改善景观设计中自然植被的结构和组成，鼓励实施有助于保护场地生物多样性的积极的管理措施。

　　本书的建议主要基于美国生态学会（Ecological Society of America）委员会的提议。这份建议报告概述了土地管理的生态学原则和指导方针，并且针对土地开发商提出了以下建议：

　　（1）以地区为背景，研究地方性决策的影响；（2）为长期变化和突发性事件做好准备工作；（3）保留稀有景观元素和伴生树种；（4）避免消耗自然资源的土地利用方式；（5）保留大范围连续或毗邻的重要栖息地；

（6）尽量减少外来物种的引进；（7）防止或补偿土地开发对生态进程产生的影响；（8）实施与该地区自然资源相适应的土地使用和管理规范。

本书的内容对栖息地的丧失给予了高度关注，建议选择已开发的场地并保留大面积连续的栖息地。选择一处之前已受扰动的场地进行土地开发，可减小对高品质栖息地造成的开发压力。在小范围开发区域建造聚集型建筑和减少整体开发，可在有限的空间内保留更多栖息地。之前开发的场地也可能包含那些已经退化的区域，但是通过场地修复，它们可以重获生机成为新的栖息地。湿地、河岸地带以及珍稀或濒危物种栖息地等重要的环境资源应该被列入受保护的栖息地目录。在缓冲区外设置建筑物和其他构筑物能够加强对这些资源的保护，并培育新的高质量栖息地。

为了避免景观脱节造成的割裂感，场地设计必须着眼于整体景观格局及其连通性。在场地边界处保留与毗邻保护区相连的部分有助于保护区域栖息地。这对那些需要在大面积栖息地内寻求住所、进行交配以及觅食的动物极其重要。建造植被覆盖的动物迁徙保护廊道可以进一步强化景观的连通性。场地内的景观应尽可能模仿周围自然环境的结构和组成，以便为各种动物的生存提供多样化的资源或小栖息地。选择本土植物物种进行景观设计是实施这项原则的关键。

在开发环境敏感性强的土地时要保护生物资源，所以合理的规划就显得至关重要。本书建议制订一项场地生物资源保护计划，这项计划旨在保护和恢复生物栖息地，保护生态敏感区，为重要栖息地提供缓冲地带，提高景观连续性，提供物种友好型基础设施并保护本地物种。

# 建议

制订一项描述场地生物资源、栖息地状况以及包含保护措施的管理计划。

### 开发商获益

- 充分了解场地独特的生物资源，最大限度地减少场地开发带来的影响。
- 很多栖息地都是场地内最美的自然景观，对它们的保护能够最大限度地提高场地的经济价值。
- 对于稀有物种的备案管理符合濒危物种保护法案或其他法规的要求。
- 计划中可能包含《国家环境政策法》（NEPA）对一些场地开发提出的环境评估的大部分要求。

### 生态效益

- 谨慎的规划有助于保护场地内的动植物群落。
- 丰富的生物多样性能够提高生态系统的弹性恢复能力。

### 策略

- 准备一个生物资源保护计划：必要。

  该计划应包含四个部分：（1）标注本地稀有、生存危险及濒危的动植物清单；（2）记录敏感地区和特殊栖息地种类及范围；（3）记录待开发敏感地区的数量和比例；（4）介绍环境敏感地区的保护和恢复措施。

## 保留和恢复栖息地

如前文所述，栖息地的破坏是导致生物多样性丧失的两个关键因素之一。回顾现有的科学文献，对于充足的开放空间或栖息地并没有简单的门槛规定。具体数量应取决于特定生物有机体及其生命阶段和栖息地种类、栖息地的破损程度或连接性、附近土地利用类型和强度、地形、季节变化、外部威胁、捕食活动、食物供应以及许多其他因素。可以针对个别物种提出专门的建议。在大多数情况下，开放空间越多越好，因为这样至少可以使大部分景观得到保存。因此，本书建议未受城市扩张影响的乡村地区应保留较大部分的开放空间并保存完好的栖息地。而在城市郊区和城市边缘地带，保留过多的开放空间会加速其无序扩张，因此建议采用能够保证与城市相连的开放空间最大化的开发模式。

除了保护整体栖息地，保留开发场地热点区域的生物多样性同样重要。稀有物种指灭绝概率更高、数量更少的种群。场地设计旨在保留、覆盖稀有

拦截并过滤来自住宅开发地区雨水径流的滞留塘。© 博德纳航拍公司（Bordner Aerials）

物种和罕见栖息地，这有助于保护该区域的生物多样性。此外，稀有物种的地理分布往往是不均匀的，如果没有对它们的存在和位置信息进行有效确认，那么土地开发时所清理掉的植被可能会对大量本地生物种群造成威胁。

## 建议

保持现有栖息地的持续扩张或对退化的栖息地采取恢复措施；保护珍稀地貌和敏感脆弱地区；优先开发棕地或其他已受扰动的场地。

### 开发商获益

- 开放空间和多样化的景观可以提升美观性、增加地产价值。
- 可在较小的土地保护面积上实施更有效的物种多样性保护，以实现对生态多样性的保护。
- 生态敏感地区往往更加边缘化，开发成本更高，风险更大，并受到更多监管。

### 生态效益

- 保留场地内大片、连续的栖息地可以保持更高水平的生物多样性，有助于防止本地物种的灭绝，并保留重要的内部栖息地区域。
- 大片、连续的栖息地对那些需要在更大范围内寻找住所、进行交配和觅食的动物极为重要。
- 对采伐地进行植被恢复和实施入侵物种清除计划，改善了栖息地的质量，促进了本地物种的回归和存活。

### 策略

- 重新开发棕地：25分。
- 重新开发之前受扰动的场地（非棕地）：12分。

康涅狄格州的纽黑文（New Haven，Connecticut）拱门街（Arch Street）的社区居民与城市资源研究所合作，将三个连续的空置地段改造成一处茂密的社区公园。© 城市资源计划组（Urban Resources Initiative）

在宾夕法尼亚（Pennsylvania）的煤炭之乡，AMD&ART项目通过科学、艺术与人文的均衡设计，对这里进行了改造，使其重焕生机。© 改造前：AMD&ART项目组（AMD & ART Project）（1994–2005），T.艾伦公司（T. Allan Comp）；改造后：霍利·里斯（Holly Lees）

- 在不受城市扩张影响的乡村地区，以开放空间的形式最大限度地保存场地上的现有栖息地：

  （1）确保70%以上的现有场地面积不受扰动，保留现有植被：15分。

  （2）确保50%～70%的场地面积不受扰动，保留现有植被：10分。

- 对于城市区域的改造场地，将20%的退化场地恢复为功能性栖息地：10分。

  恢复措施包括恢复健康土壤、恢复多样化栖息地以及将所有外来入侵物种替换为本土原生植被。

- 选址时应保留那些生态敏感、自然脆弱的独特地貌和区域：10分。

  这些地貌包括坡度大于17%、坡面超过30 m的陡坡、湿地、分水岭、河漫滩、春池、海岸线、峭壁、悬崖、洞穴、河岸带、沟壑等。那些在过去的开发活动中产生的稀有栖息地也属于这个范畴，如古老的森林、草地或草原。

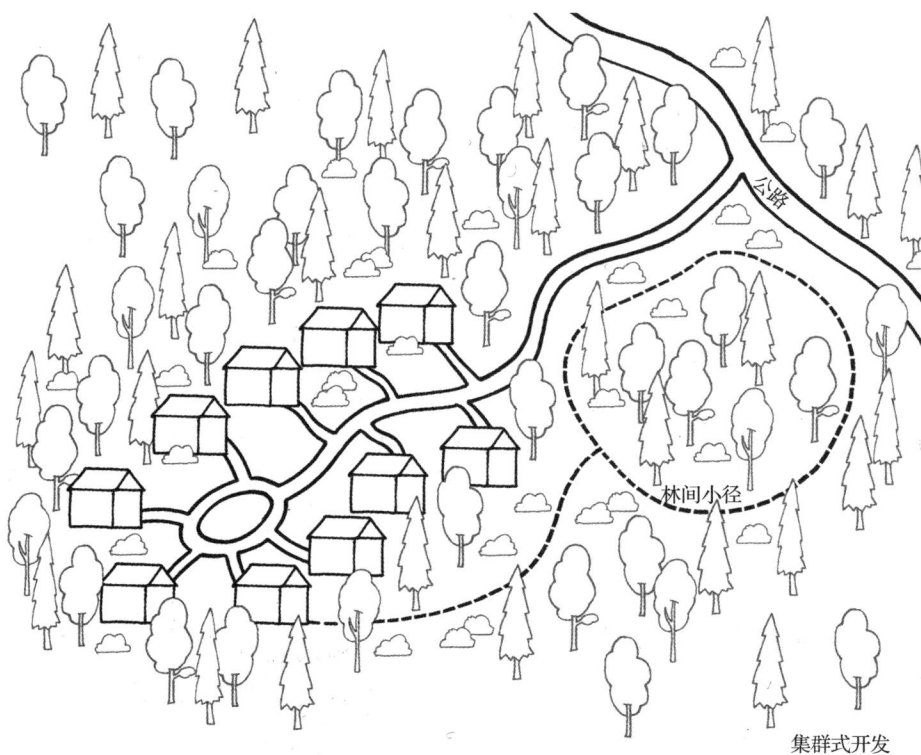

住宅的紧凑排布有利于建筑物共享户外空间，减少整体非渗透性表面，增加绿地空间。© 丹尼尔·R. 阿卜杜（Daniel R. Abdo），改编自宾夕法尼亚州环境保护部（Pennsylvania Department of Environmental Protection）

公路

林间小径

集群式开发

- 采用集群式开发模式可以最大限度地减少整体开发，将扰动集中到场地内的一个区域：10分。
- 在城市地区建设绿色屋顶：7分（参见"非渗透性表面"部分）。

　　绿色屋顶不仅能为城市地区中的鸟类和昆虫提供栖息场所，还在节能、改善小气候和增加水文效益方面具有显著效果。

## 在重要栖息地建立缓冲区域

　　土地开发产生的影响并不会在开发边界处突然消失。许多生态系统变量的改变会延伸至周围几百米范围内的未开发土地。为了减少这些影响，可围绕生态敏感区设置缓冲区。缓冲区即为一处未受扰动的土地区域，同时也可以是位于已开发场地和未受扰动区域之间的植被带。

　　缓冲区可以减缓水流流速，有助于截留沉积物，促进下渗；还可以去除水体中的污染物（营养物质、金属、细菌和有毒有机物）。河岸缓冲区的树木可为溪流提供荫蔽，使水体更加凉爽。缓冲区毗邻开放空间，有助于降低光照强度，减缓风速，抵御掠食性动物和恶劣天气的侵害并提供栖息场所，还可以作为种子的来源地。

　　人们最熟知的例子当属河岸和湿地缓冲区。为了开展防污减排，人们至少需要在特殊地貌周围设置30 m的缓冲区。研究表明，这一缓冲区可去除70％或更多的泥沙和污染物（氮、磷和悬浮固体总量）。研究指出，30 m为最小的有效缓冲宽度。保护河流的水文状况不受持续增加的暴雨径流的破坏，对于河流的生态健康十分重要。除了水体的生态健康，河岸区域生长着极其多样化的本地种群，属于重要的生物迁徙走廊。为了保护目标物种，缓冲区宽度应大于30 m。例如，为保护新热带鸟类群落，建议设置100 m的缓冲地带；而针对淡水龟类，则建议设立150 m的缓冲区。两栖动物属于格外脆弱的物种，因此应满足其生存需要，加强对水陆景观的保护。成年的两栖动物在陆地区域生活，但会到水中进行繁殖（如产卵）。临时池塘（常指春池）和永久性小型湿地都是两栖动物重要的栖息地。保护这两种栖息地和它们之间的连接区域对两栖动物的生存来说非常重要。场地开发对环境造成的物理变化会直接或间接影响两栖动物的生存能力。道路会对其迁移形成阻碍，交通则可能造成其直接死亡，而压实的土壤或草皮会影响两栖动物挖掘洞穴。基于现有的科学研究，也考虑到两栖动物的生活特性以及春池地形的相对稀缺，建议为这些特殊区域设置更大范围的缓冲区，其宽度约为100 m。

缓冲区范围的增大使得碎片化景观更容易受到日照及风吹等因素的影响，从而导致温差增大、湿度降低、土壤水分减少、风湍流增加等小气候变化。栖息地整体环境的变化会使外来入侵物种更容易取代本地物种，从而改变生态群落的结构。大量研究发现，显著的物理变化和群落组成变化发生在距离生态边界50 m的范围内；中度的物理变化和群落组成变化发生在距离边界100 m的范围内；而轻度的物理变化和群落变化则发生在距离生态边界100 m~300 m的范围内。某些边界则比较正常，即使是在原始景观中，一些关键物种也可以在这样的环境下茁壮成长。但问题在于过度的碎片化可能导致深层内部栖息地的数量大幅减少，甚至完全消失。

## 建议

创建或保护缓冲区可以减少人类活动对物种生存的影响，并营造新的栖息地；缓冲区的设置应选择邻近河岸区、湿地、海岸线、春池，以及与自然保护区或森林公园毗邻的房屋边界处；利用缓冲区保护河岸走廊沿线的森林。

### 开发商获益

- 在缓冲区，可以通过多种方式来提升房产价值。对于人居环境而言，缓冲区除了可以提供休闲娱乐空间，还具有美化环境、吸收噪声和改善小气候（降温、降低风速）的功能。

### 生态效益

- 栽种植被的河岸缓冲带可以稳固河岸，防止水土流失，促进地下水的补给。

- 沿岸树木可提供荫蔽，树叶以及木质碎片是保障河流水质健康的重要组成部分。

- 沿岸地区可以为大量物种提供陆地栖息地和迁徙廊道。

- 湿地地区周围的缓冲区可以通过土壤过滤污染物，减少对湿地物种的干扰，并为生活在陆地边界的两栖动物等易危物种提供栖息地。

- 位于公共或私人自然保护区附近的缓冲区可以防止边缘效应扩散到保护区内（如光照、风力、温度的增加和土壤水分的减少）。

- 沿保护区边界的缓冲区可以阻止或扭转区内边缘效应可能引起的栖息地退化，并在受保护的重要栖息地之间形成廊道。

## 策略

- 在湿地、河流、湖泊、海滨周围和毗邻自然保护区创建一个30 m的未开发缓冲区：10分。

- 在同样的区域周围创建一个50 m宽的缓冲区：20分（除非地方条例另有规定）。

- 在春池周围创建一个100 m宽的未开发缓冲区：15分。

  因春池栖息地类型的稀缺以及其丰富的生物多样性，宜设置面积更大的缓冲区。

- 通过道路设计河流交叉口，将影响降到最低：6分。

  交叉宽度应达到发挥缓冲区功能和对其进行维护所需的最低限度，并应选择适当的角度来减小土地扰动面积。对于大型地产项目，每个街区或每300 m的范围内只需设置一处交叉口。在小型水系交叉处，应使用石板、拱板、箱涵等装置，而金属波纹管往往会给鱼类造成障碍。涵洞结构的基础应埋于河流底部，同时应在涵洞底部建造一个平面，以确保水生动物能在低流量的条件下顺畅通行。

由于集中性的城市开发或其他场地设计约束，并不是所有场地都满足这些缓冲区域的设计要求，但可以采用另外一种缓冲区设计。具体而言，高密度场地（≥8个住房单元/4 047 m²或拥有2 230 m²/4 047 m²的非住宅使用面雨水流经植被缓冲区时速度减缓，从而减少对河岸的侵蚀。水体渗入地下后可补给地下水或被植物吸收。© 丹尼尔·R. 阿卜杜（Daniel R. Abdo），改编自汤姆·舒尔茨（Tom Schultz）

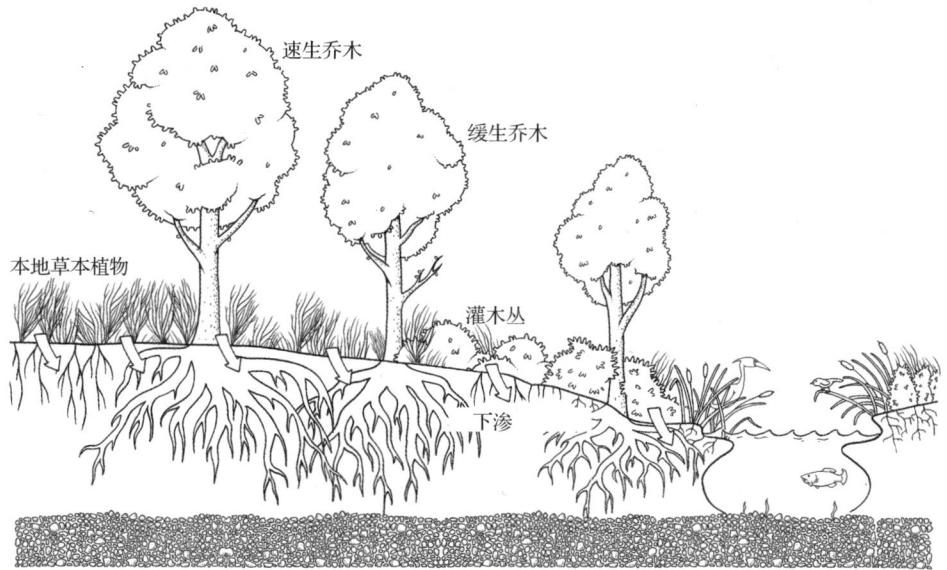

速生乔木

缓生乔木

本地草本植物

灌木丛

下渗

河岸缓冲区　（注：本图展示了河岸区域较为健全的植被缓冲区）

湿地除了是重要的野生动物栖息地之外，还可以抵御洪水侵袭，提升水质。缓冲区面积越大，栖息地的价值越高。© 丹尼尔·R. 阿卜杜（Daniel R. Abdo），改编自佛蒙特州环境保护部（Vermont Department of Environmental Conservation）

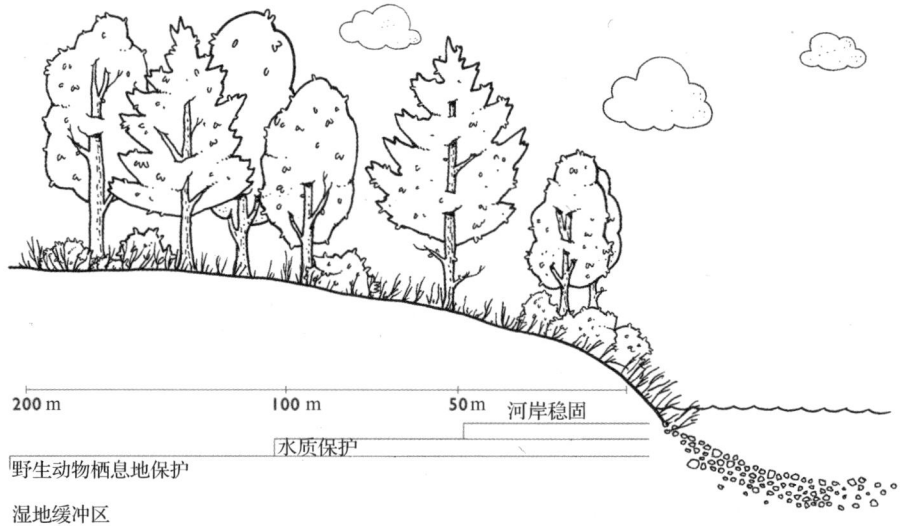

200 m　　　　100 m　　　50 m　河岸稳固

水质保护

野生动物栖息地保护

湿地缓冲区

湖岸线缓冲区

湖岸线缓冲区可通过土壤过滤来转化污染物，并为动植物提供栖息地。© 丹尼尔·R. 阿卜杜（Daniel R. Abdo），源自威斯康星大学继续教育学院（University of Wisconsin–Extension）和威斯康星州自然资源部（Wisconsin Department of Natural Resources）

积）可以采用分区的方法达到30 m缓冲区的标准。在内部区域15 m的范围内应保留自然植被，并且只适合雨水渠和小径（连同必要的公共设施或道路交叉）。中间区域的宽度应至少为10 m，这一区域除保留自然植被外还应具备其他功能，例如，进行雨水管理以及保证自行车通行。外部区域则指剩余的缓冲区宽度，可以开展一般的居民社区活动，但前提是没有化粪池系统或永久性建筑物。

　　注意：上文建议的缓冲区宽度虽专门为森林景观而设计，但也适用于一般情况。它们不能取代根据《保护管理计划》对本地动植物群落需求进行分析之后得出的、关于修建更大范围缓冲区的具体建议。

春池是多雨季节形成的临时湿地。它们对于许多两栖动物而言是非常重要的繁育栖息地。© 上图：雪莉·佩鲁奇（Sherry Peruzzi），2006；下图：汤姆·劳特珍黑塞尔（Tom Lautzenheiser）

## 景观连接性

如果土地开发造成景观碎片化，则可以在连续的廊道中将这些碎片化的景观连接起来，从而实现环境效益的最大化。这些廊道通常是由相互连接的河岸带或其他线性景观元素构成的，也可以采用其他形式，这主要取决于可利用的土地。将各个碎片中的单独种群连接起来可以防止物种灭绝，否则景观碎片化会造成栖息地丧失，从而导致物种减少或灭绝。多份研究普遍认同生态廊道能够促进景观运动这一观点，这一理论尤其适合那些流动性较小、依赖特殊栖息地的动物群体。环境廊道发挥着重要的作用，根据美国农业部自然资源保护服务中心（NRCS）的预测，超过70%的陆生野生动物会使用滨水廊道。

连续、宽阔、绵长的廊道包含丰富的景观元素，远远优于那些缺乏多样性的破碎、狭窄和短距离的廊道。对廊道宽度的建议部分基于德斯博奈特（Desbonet）的文献，关于鸟类廊道使用的研究，他提出的最小廊道宽度为10 m～25 m；而针对哺乳动物的研究，劳伦斯（Laurance）提出的最小廊道宽度为30 m～40 m。一些国家机构认为主要廊道的最小宽度应为60 m，而二级廊道则应至少达到30 m的宽度。一般来说，廊道上不允许出现隔断，但由于场地设计的局限性，这样的隔断仍然会有出现的可能性。城市环境中允许出现的隔断距离不得超过30 m，因为在连续的森林区域中，大于这个距离的隔断会对很多物种的活动造成阻碍。

## 建议

那些由未受扰动的土地板块连接而成的廊道会产生多种环境效益，要充分利用这一效益；提高碎片化景观的连接性，促进物种的迁移活动；保证与土地毗邻的连续栖息地不受扰动；通过设立生态廊道来促进物种迁移。

**开发商获益**

- 相对于分散区域，相互连接的绿色区域创造了一个更加广阔的开放空间。
- 绿色廊道甚至比开放空间碎片更能提高房产价值。
- 绿色廊道可以通过步行道和自行车道的形式提供休闲机会。

**生态效益**

- 设立连续的河岸缓冲区被视作保护物种多样性、提高水质和保证城市水系正常流动最有效的方法。
- 保留土地中与毗邻保护区相连的部分，有助于保留区域内的生物栖息地。这对那些需要在大面积栖息地寻找栖息场所、进行交配活动以及觅食的动物尤为重要。
- 对于因高强度开发而失去开放空间的场地而言，生态廊道有助于降低这些损失的影响。
- 廊道可以吸纳升高的种群密度，推动基因流动，并促进物种的集群发展。

这种生态廊道形成了一个宽阔、连续、融合了河岸与森林特征的狭长栖息地。© 艾奥瓦州立大学自然资源生态与管理系（Natural Resource Ecology and Management at Iowa State University）

**策略**

保留或创建生态廊道，连接毗邻开发场地的栖息地：

- 保留一处宽度至少为30 m的线性廊道：10分。
- 保留或创建一处宽度至少为50 m的线性廊道：20分。

　　廊道的重要参数包括连通性、宽度和连续性。开发场地上保留的廊道必须满足：（1）连接两块未经开发的开放空间，共计面积250 000 m²；（2）是一处面积至少为400 000 m²的连续廊道的一部分。若符合条件（2）的要求，则连接开发场地上保留地带的廊道中不应存在长度大于30 m或超过其总长10%的间隙。

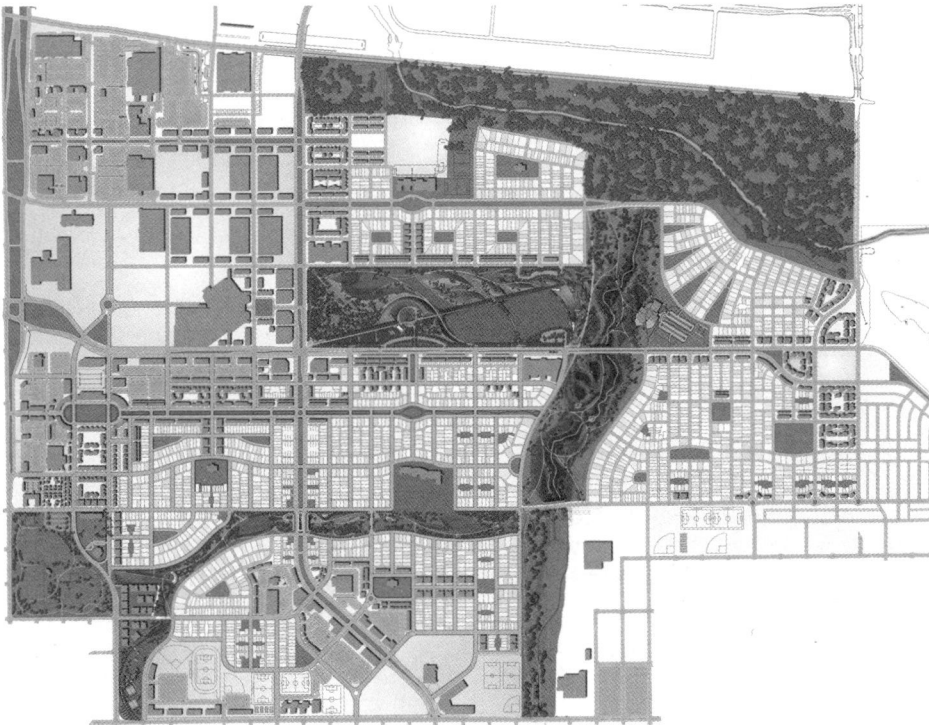

平面图上显示了如何将当地公园连接成大型的连续开放空间，相比那些小型的孤立区域，它能够容纳更多物种。© 2004 易道公司（2004 EDAW, Inc.）

## 道路布局与设计

据估计，美国15%～20%的土地上的生态系统受到了道路的影响。道路可直接导致栖息地消失、碎片化以及内部栖息地减少，从而影响景观动态。穿越林地板块的道路会在两个新区域的周围形成边缘栖息地。如果沿着更小区域形成的边缘栖息地数量不断增加，则内部栖息地的比例将会明显降低，其余内部栖息地的总面积也会减小。经证实，道路的存在能够抑制甚至阻断哺乳动物、龟类、两栖动物和无脊椎动物的迁移，且道路越宽问题越大。道路会限制动物觅食、寻找配偶、开发栖息地、开拓新领地以及季节性迁徙等活动，从而影响其生存。道路的存在把曾经连续的种群分割为孤立的个体，增加了丧失整体种群的风险。构建适合物种的通道可以缓解道路的屏障效应。对动物通道的评估显示，目标物种及其他本地动物都可以使用这些人工建造的动物通道。

## 建议

基础设施的设置应最大限度地减少栖息地的丧失和碎片化，并防止切断动物迁徙路线；尽量减小道路宽度，合理增设隧道、管道、地下通道和立交桥等结构，以减轻道路的负荷量。

### 开发商获益
- 丰富多样的动物群体有利于自然科学研究。
- 降低车辆与野生动物碰撞的风险可以减轻土地所有者可能承担的责任。

**生态效益**

- 场地道路的精心设计可以避免造成更多的碎片化景观，也可以减少对拥有高度生物多样性的栖息地的破坏。道路的存在会阻碍动物觅食、寻找繁殖栖息地、季节性迁徙以及形成集群等行为。
- 设计与建造隧道、管道、地下通道以及立交桥可以使割裂的动物种群重新建立联系。

**策略**

- 在修建道路时避开生态敏感区：必要。

　　道路会对生物资源产生不利影响。道路施工和使用过程会导致动物死亡，改变它们的行为方式以及生存的物理和化学环境，加速外来入侵物种的传播并造成栖息地的碎片化。这些不利影响具有多样性和复杂性，并且在不同地点之间差异明显，因此很难或根本无法制定一项简单的价值标准。但是，可持续土地开发原则主张道路修建应远离具有独特性或高附加值的栖息地。《保护管理计划》中明确划定的区域包括内部森林栖息地、已确定的稀有物种活动地

加拿大班夫国家公园（Banff National Park）中的野生动物通行桥，有助于减轻因道路基础设施的开发而导致的碎片效应。© 苏珊·哈古德（Susan Hagood），美国人道协会（The Humane Society of the United States）

区、陡峭的山坡、山脊线和已知的动物迁徙路线。此外，本章中"在重要栖息地建立缓冲区域"部分对于设置在湿地、春池、溪流以及海岸线周边的缓冲区赋予了特定分值，这些区域并不包括道路系统。

- 通过设置隧道、涵洞、地下通道和立交桥等道路通道来减轻道路的屏障影响：5分。

  修建各种规格的通道以适应各个物种的特点。两栖动物需要直径为0.3 m～1 m的通道；小型哺乳动物需要直径为0.5 m～1 m的涵洞，中型哺乳动物需要直径为1 m～1.5 m的涵洞。通道入口位置应种植本地树种，以便在掠食者入侵时为动物提供掩护。通道的使用频率与人类干扰呈负相关关系，所以应将通道设置在远离人类活动的区域，同时还应确保道路远离通道。在每个物种的活动范围内至少设置一个通道。对于小型和中型哺乳动物，普遍采用的最低指标为每150 m设置一个通道。围挡可以引导动物进入涵洞，并防止交通堵塞。

- 住宅区道路最小宽度为7 m，而非10 m～12 m：5分（参见"非渗透性表面"部分）。

## 本地物种与景观异质性

外来入侵物种是威胁物种生存的两大因素之一。对于将本地植物作为食物来源、居住场所和繁殖栖息地的本地动物种群来说，采用本地植物实施园林绿化非常重要。研究表明，大量种植种类多样的本地植物有利于提高本地鸟类和昆虫的多样化水平。如果选择外来景观植物，除了其自身存在入侵性以外，还可能在运输过程中携带潜在的入侵物种，包括动物、植物、寄生虫或植物携带的某些疾病。如果外来物种适应了新场地的物理条件却未受到新环境中食肉动物或疾病的侵染，它们可能会变得具有入侵性。它们可能通过资源竞争、掠食行为或寄生关系来改变自然环境或影响群落动态，从而危害并取代本地植物。尽管人们对这个问题进行了广泛研究，但外来物种的入侵机制尚不明确，也无法对其入侵特征进行预测。

城乡梯度分析结果显示，越靠近城市中心的物种，多样性越低，且外来物种比例越大，这在很大程度上是因为城市中心区域附近的植被数量减少，且在同质化景观中种植外来植物。景观设计的效果力求接近"人烟稀少的草原或草地群落"，而没有反映城郊房产周围森林区域的结构多样性。在景观设计中体现生物多样性尤为重要，因为它可以增加资源数量或小栖息地，有利于本地物种的生存。在水生和森林环境中，保留或制造诸如木质残体堆的元素也很重要。这些残体堆不应在地面"清理"作业中被移除，因为它们能够为动物提供重要的庇护场地，使它们躲避捕食者的追捕，同时还能成为它们的觅食区。此外，枯立木也不应从森林中移除，因为它可以为动物提供庇护场地。研究显示，保留或重建自然景观的多样性可以减少边缘栖息地的小气候变化，增加这些地区的物种利用，并促进栖息地碎片间的物种迁徙。

草坪转换为草地可以降低维护成本。© 凯瑟琳·比恩（Catherine Byun）

# 建议

景观设计应通过种植本地植物以及增加生物多样性来提高栖息地价值。

## 开发商获益

- 本地植物适应本地气候、土壤和害虫，可以减少灌溉、施肥及农药的使用，从而降低成本。
- 许多本地植物可以低成本或免费再繁殖。
- 结构多样、生物种类丰富的景观看起来更加自然、美观。
- 入侵植物不受当地自然因素的控制（例如，寄生生物和食草动物），存在过度传播的危险，因此景观需要频繁的维护。
- 本地植物具有独特的地方性景观特征，可以增强居民的地域归属感。

## 生态效益

- 本地植物代表了需要受到重视和保护的生物基因的多样性，而且它们能够较好地适应本地环境，可以在少量甚至完全没有维护的情况下生存。
- 在进化过程中，本地动物将本地植物作为食物来源，利用植物建造繁殖地和栖息地。
- 包含多种本地植物且具备一定植被密度的垂直成层结构可为各类生物提供栖息地。
- 建造类似于周围未受扰动的区域景观，可以促进各个物种在栖息地的碎片之间迁徙。
- 选择本地种源（地理种源）的植物有助于保护遗传差异中独特的本地变异。
- 在场地内或其他地方，外来物种都有可能成为排挤本地物种的入侵物种。

**策略**

- 培育新景观时应100%选择本地植物，且最好为本地种源：7分。

     这里所指的本地种源指800 km以内的种源。伯勒尔针对特定生态系统类型提出了几条建议，例如，可以与苗圃签订通过扦插种植本地植物的合同，还可以收集和存储开发场地上的植被，以备日后重新使用。

     景观设计师可以在一些组织的帮助下区分本地植物和入侵植物。此外，还可以求助当地的植物协会，联系当地的植物园或在网上搜索，以获取所需信息。

- 在场地的未开发区域，保留或创建适应周围环境的稀缺及丰富的自然栖息地元素：6分。

     这些重要的栖息地元素可以为本地动物提供保护和庇护场地，但具体采用何种元素取决于《保护管理计划》所确定的当地生物群落类型。例如，林区的栖息地元素可以包括枯立木、风倒木或吹落木、倒木和粗木质残体。

- 保持未开发场地中栖息地的自然垂直面和年龄结构：3分。

     异质化景观可以为种类繁多的动植物提供丰富的小栖息地。混合年龄结构增强了动植物群落结构的弹性，使它们在受到扰动（例如火灾、风害）之后得以快速再繁殖。此外，正如《保护管理计划》中所述，空间结构同样也是生物群落的一项功能。对于落叶林而言，空间结构包括林冠层、林下叶层和地被植物层。

- 消除入侵物种：7分。

- 如果场地必须进行虫害控制，应采用综合虫害管理（IPM）计划：6分。

     若必须使用农药，综合虫害管理（IPM）可采用最先进的技术来降低人为风险和环境损害。

第六章

# 能源

美国人口约占世界人口总量的5%，却消耗着全球26%的能源。美国的人均能耗是欧洲主要工业国家的2倍，即使如此，人们的生活水平并没有明显提高。显然，在不降低生活质量的前提下，仍有大量的节能空间。

几大环境问题都是由能源引起的，尤其是矿物燃料的过度使用。一个是导致全球气候变暖的温室气体——二氧化碳的产生；另一个是由颗粒物、硫氧化物、重金属、氮氧化物和烟雾前体物质造成的空气污染。下文给出的建议是最大限度地减少场地的总体能源需求，特别是减少化石燃料的使用，并最大限度地提高可再生能源的使用比例。

大多数土地对利用直接能源的需求相对较小，相比那些在土地上修建并且不受相关准则约束的建筑物，更是如此。本书提出的建议并未考虑建筑物自身的能源需求或建筑材料产生的能源消耗。关于这两个问题的内容已被能源与环境建筑认证系统（LEED）全部收录。

土地开发中对能源影响最大的是场地内的来往车辆。对于单独的场地，除合理选址外，并没有多少可行的措施能够解决这个问题。出于上述原因，本书在能源方面所给出的建议较少。

## 建议

节约能源、最大限度地降低能源消耗所产生的不利影响；土地开发选址应位于临近公共交通节点或可提供频繁接送服务的地点；为多人合用车辆和高里程车辆设置优先停车位；提供自行车架和清洗设备；在场地上使用可再生能源；全部采用全截光型灯具；对建筑物合理选址，实现能源效率最大化。

### 开发商获益

- 土地开发场地临近公共交通节点，可提高房地产价值。
- 使用全截光型灯具防止光污染，保证夜间视线更清晰。
- 可再生能源的开发投入能够在几年之内收回成本，降低能源消耗。
- 高效的全截光型照明设备可以节省开支，并且安全性高。
- 全截光型照明设备可以减少炫光，使环境更加美观，利于招商。
- 骑自行车和多人拼车可以减少对造价昂贵的停车位的需求。
- 骑车出行和户外散步有助于促进人与人之间的交流，增强社区意识。

### 生态效益

- 可再生能源的使用可以减少化石燃料的消耗，减少二氧化碳等有害气体造成的空气污染。
- 在控制人均二氧化碳排放量及区域性污染方面，公共交通被视为更加高效的解决措施。
- 在临近公共交通节点选址可以防止用地扩张。
- 现场发电可以减少传输过程中的能量损失，从而最大限度地减少能源浪费。

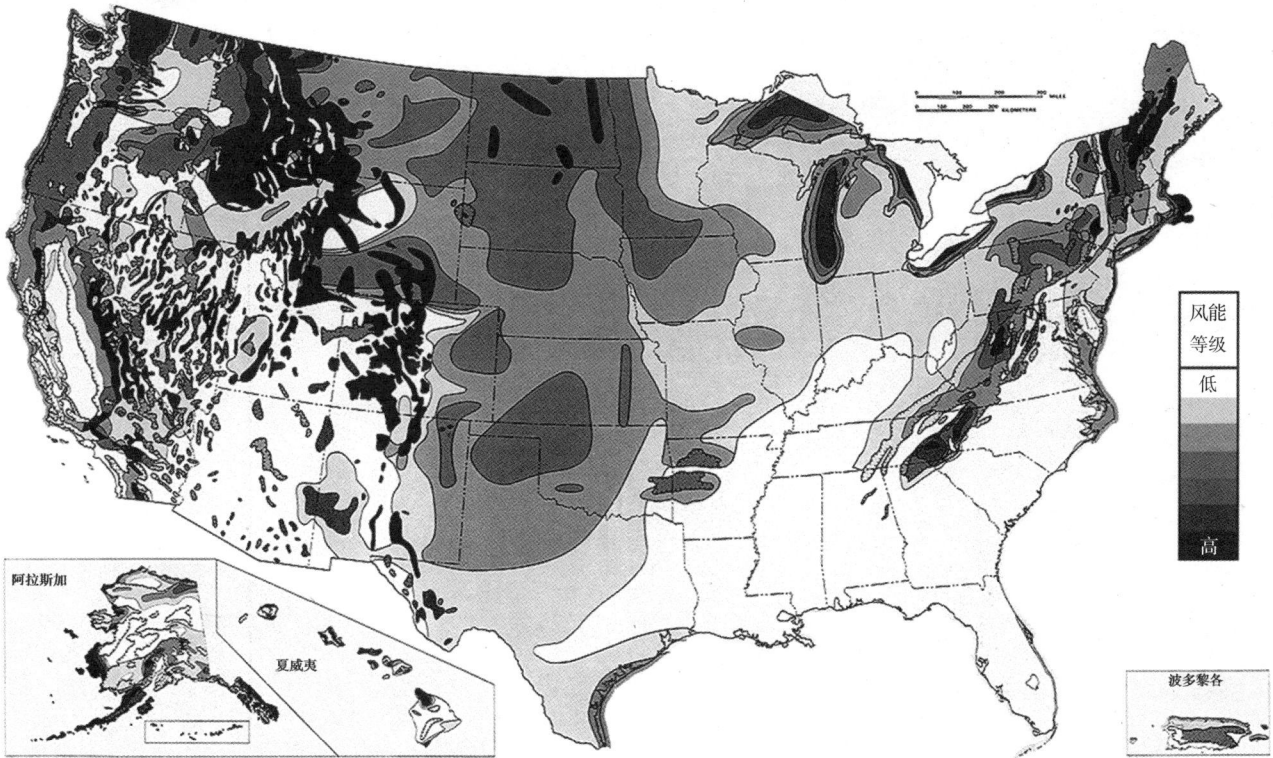

美国年均风功率密度分布图

这张风能资源地图展示了从低到高七个级别的风力范围，代表该地区的平均风能水平。© 美国能源部（U.S. Department of Energy）

## 策略

- 采用光伏发电板、风力发电机、微型水电站、生物质发电系统等方式生产可再生能源：12分。

- 在公共交通（公交车、轻轨或地铁）步行距离800 m、步行时间10分钟的范围内选址：6分。

  该距离必须是真正通过人行道或小路步行可到达的距离，而非近似距离。

- 在距离公共交通步行距离1 600 m、步行时间20分钟的范围内选址：3分。

- 提供与大型公交节点连接的摆渡车服务：4分。

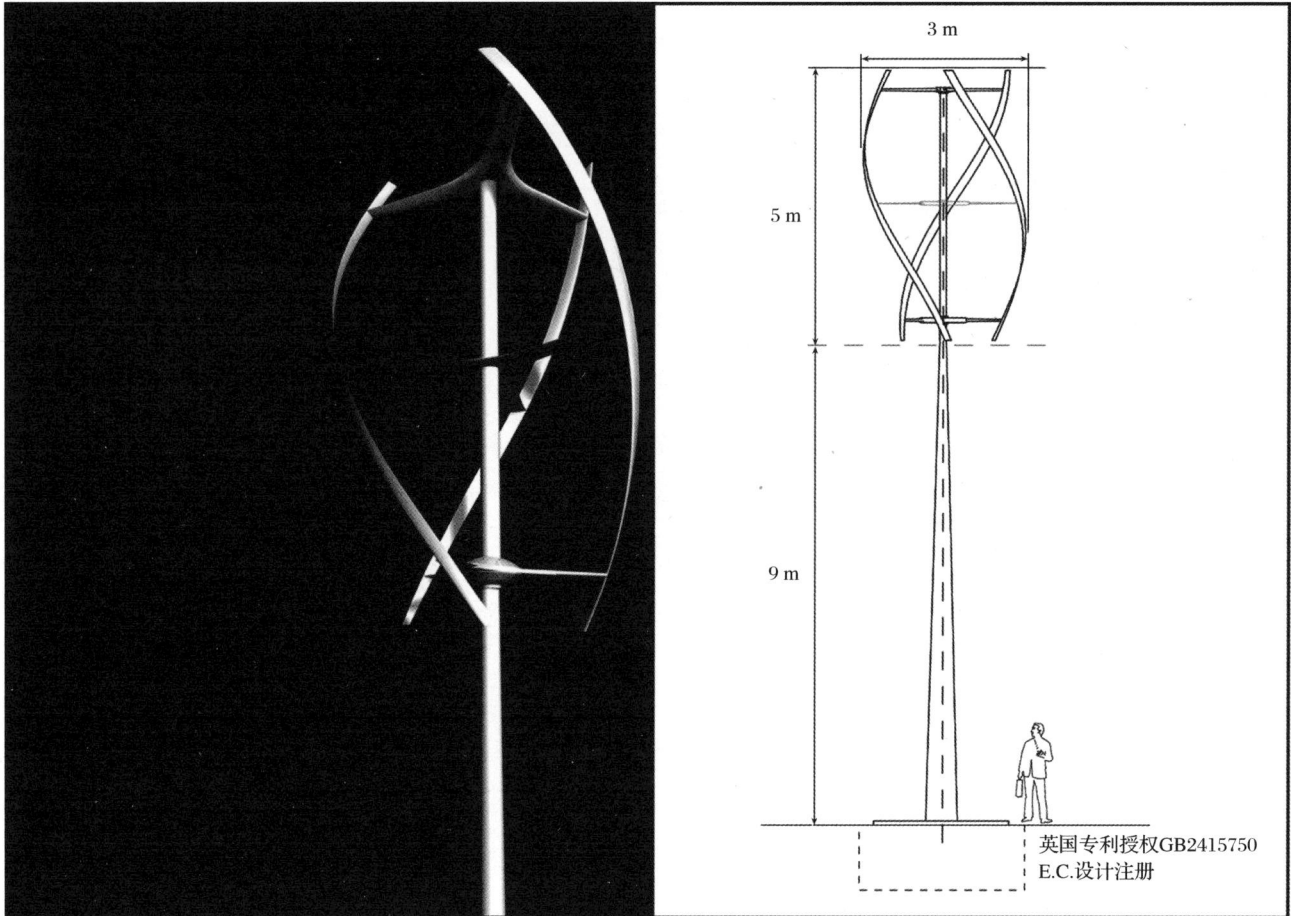

图为只有三个螺旋子叶片的垂直轴式风力发电机，工作时几乎无声、无振动，这种特性使其适用于城市和露天场地。© 2006 静音革命有限公司（Quiet Revolution Ltd.）

- 为高里程车辆和多人合用车辆优先提供停车位：4分。

  优先停车位可利用成本更低或更临近建筑物的场地空间。

- 为骑行者提供自行车架和清洗设备：2分。

  对于大型场地，鼓励在场地内步行或骑车。设置人行道/自行车道或自行车专用车道。沿人行道设置至少1.5 m宽的树木种植带（隔离带），在隔离带内保留或种植树木，以提供更加舒适的步行体验，并可在夏天为行人提供荫蔽。

- 全部使用全截光型灯具，以降低能源的损耗和光污染：5分。

位于华盛顿州西雅图市（Seattle, Washington）的卡基克环境教育中心（Carkeek Environmental Educational Center）安装的光伏电池板成功地满足了建筑的部分能源需求，并且融入了植被景观。© 罗伯特·丁斯（Robert Dinse）

设置公共交通节点，使行人可以选择不同的交通方式。© 约翰·哈维（John Harvey）

加利福尼亚州圣巴巴拉（Santa Barbara, California）市中心的电动班车。© 圣巴巴拉城市运输区（Santa Barbara Metropolitan Transit District）

2003年，毕尔巴鄂市（Bilbao）的窄轨轻轨系统对多种交通方式实行一票制。© 戴安娜·巴尔莫里（Diana Balmori）

这些在德国明斯特市（Münster，Germany）拍摄的照片形象地展示了当数量相同的人群选择不同交通方式出行时的情形。源自蒂莫西·比特利（Timothy Beatley）的《绿色城市主义》（*Green Urbanism*）。© 2000年，经岛屿出版社（Island Press）许可转载。

这种低地台公交车与地铁的功能类似，配有专用车道并拥有优先通行权，而其所需的基础设施成本却很低。© 2005年7月，戴维·哈里斯（David Harries），英格兰布里斯托尔（Bristol, England）

这条位于法国巴黎绿茵步道（Promenade Plantée, Paris, France）的专用自行车道不受行人和机动车的干扰，是一条高效环保的交通路线。© 哈维尔·冈萨雷斯-坎帕纳（Javier Gonzalez-Campana）

弗吉尼亚州林奇堡（Lynchburg, Virginia）街头盛开的樱花使步行成为一种惬意的出行方式。© 弗吉尼亚州林奇堡市（City of Lynchburg, Virginia）

全截光型照明设备减少了能量损耗和光污染，从而降低了对夜行性野生动物和生态系统的危害。© 改编自比尔·雷恩，麦克唐纳天文台（Bill Wren, McDonald Observatory）

向下的光线

普遍形式

路灯的方向性

　　国际暗夜协会（International Dark-Sky Association）提供了关于保护星空和利用高效节能照明设备的信息。

- 在建筑物南侧种植落叶树木，可以在夏季提供荫蔽：2分（依据"空气质量和小气候"章节进行打分）。
- 种植常绿植物来阻挡冬季盛行风：2分（依据"空气质量和小气候"章节进行打分）。

第七章

# 工业生态学与材料

工业生态学（IE）听起来有点自相矛盾，因为工业生产和生态保护似乎是对立的。但是，工业生态学其实就是模仿自然界中可持续发展的元素，将其纳入工业生产及其他现有系统中，其中也包括土地开发实践。

工业生态学关注的内容包括人工系统中的物质和能量流动。工业生态学中的元素和方法包括流量评估、闭环再循环、生命周期评估、工业共生以及隐含能量。

- 流量评估指对项目所需的产品和用于提取、处理、运输以及安排生产和供应所用的能源和材料的数量及种类进行分析。

- 闭环再循环是指在实现材料的最初使用价值后，对其重新利用，从而避免其成为垃圾填埋场的废物。

- 生命周期评估用于评估所有与产品相关的环境影响。评价对象包括制造该产品所需材料的产生、产品的制造、产品在生命周期的使用情况以及对该产品及其部件处置产生的影响。生命周期评估包括对产品生命周期内流动的能源和水、排放的空气、水废弃流以及固体废物的评估。最完整的生命周期评估是一个"从摇篮到坟墓"的过程，包括从自然资源提取、处理到产品的制造、运输、使用和最终处置的生命周期的各个阶段所产生的影响。

- 工业共生是指不同工业设施之间的一种关系，即一种加工过程中产生的废料能够被其他生产用作原材料，这种关系通常发生在不同类别的制造商或行业之间。

- 隐含能量指用于生产一件产品的所有能量都隐含在该产品之中，如果将其丢弃，那么其中所包含的能源亦随之损失掉，无法得到循环利用。

工业生态学在土地开发实践的应用中面临着特殊的挑战。一方面，大部分的土地开发是对土地的改造，而非传统意义上的生产产品。大多数土地开发的生命周期影响涉及使用的建筑材料，而建筑材料又不在相关准则涵盖的范围内。同时，土地开发的寿命不仅无法预测，甚至无法定义。在美国，一个建筑物的平均使用寿命大约为50年，但它所在的土地使用寿命又是多久呢？如果一栋住宅被拆除重建，那么这种土地利用形式是属于新的土地利用还是旧的土地利用呢？如果一处工厂建筑物被改建成商场或公寓，那么，这属于新的土地利用还是土地的回收再利用呢？如果遇到道路重新铺设或加宽，又该如何评定呢？因此，土地开发的寿命可能会很长（一个世纪或更长时间），很难预测哪些技术在其存在期间会影响它。例如，到2100年什么物

工业共生是指公司与市政府之间的合作关系，一家公司生产的副产品成为其他公司可利用的资源。其结果是合作方在资源消耗和产生废品的数量上都急剧减少。© 联合国环境规划署（UNEP）

质会成为主要的能源来源？它的成本以及对环境的影响将是怎样的呢？

如果对一个场地的开发持续了整整一个世纪，那么在此过程中的某个时刻，工业生态学家可能会考虑以下行为是否环保：拆解一个过时的旧设备并安装新设备或者在建筑围护内进行翻新并在现有结构中维持嵌入的能源和材料。因此，分析场地开发的生命周期存在诸多不确定性，远比分析诸如计算机或汽车等生命周期较短的具体商业产品复杂得多。

尽管存在这些限制，土地开发仍然有很多机会从工业生态学、回收和材料选择等角度减轻环境影响。详见下文"建议"提出的措施及建议。

## 建议

尽量使用可再生材料；当不能回收再利用时，应使用本地的材料资源，最大限度地减少浪费。

### 开发商获益

- 减少浪费意味着减少处理费用和降低成本。
- 使用切割材料对场地进行填充，减少了从周边运输材料的成本。
- 用可回收材料代替天然沥青，可为承包商节约80%的成本。
- 再生混凝土比原生混凝土的价格更便宜，而使用效果却相近。
- 某些材料的回收可以为承包商创造利润。
- 使用本地供应商的材料并将剩余的可回收材料用于增进与周围社区的交往。
- 将再生橡胶碎屑用于地面铺装，可以提高人行道的舒适度和安全性。
- 对缓解项目环境影响的措施多加宣传可以带来积极的效果。
- 以上工作有助于项目顺利通过审批。

  许多市级政府和州级政府对获得社区广泛支持的快速跟进项目做了正式和非正式的安排。

## 生态效益

- 在混凝土骨料中使用可再生材料，可以减少填埋废弃物的体量。
- 施工现场被拆除的混凝土和沥青被重复利用，可以减少废弃物场外运输所带来的交通影响。
- 因为回收材料中仍有剩余能量，所以可减少对原始材料能源的需求。
- 回收材料和利用当地资源能够减少远距离运输建筑材料而造成的空气污染和温室气体排放。

## 策略

- 匹配切割材料和填充材料的供需，可从场外运输需要的材料：10分。
- 为减少运输需求，330 km地域范围内、占建筑材料总重量80%的材料用卡车运输；而1 000 km范围内同等重量的材料则用火车运输：4分。

  在货物重量和运输距离一定的情况下，汽车运输所排放的温室气体量大约是轨道交通的3倍。
- 与材料供应商签订包装和回收合同（如托盘、包装箱、收缩包装等）：3分。

  在美国，包装所占废品总量的比例相当大。在提高现有包装回收再利用率以及减少包装数量方面存在很大的空间。而减少整体包装的一个有效做法便是将责任落实到具体负责包装设计和产品应用的公司。
- 将未使用的材料和可回收的建筑废物用于其他项目：3分。

  对现场各种可重复利用的材料（如木材）进行定位并公布材料清单，便于不同项目间的材料交换。
- 处理并再次利用施工现场被拆除的材料，特别是混凝土和沥青，或者从其他场地中回收的混凝土或沥青：4分。
- 尽量将场地上移除的植被切碎后用作覆盖物：4分。

  正如第三章中"水土流失及其治理措施"部分所述，覆盖物具有再利用的价值。

- 确保丢弃材料的重量少于运送到场地材料总量的10％：5分。

　　实现这一目标的途径包括：制订包装回收要求和详细的采购计划，采用预开木材、预制混凝土、可重复使用的混凝土模板以及模块化组件进行基础设施的设计。此外，尽量采用预制和模块化组件，以降低建筑报废后拆卸、回收和再利用的难度及成本。在美国，每年产生的建筑垃圾约占所有运送至垃圾填埋场的材料的40％。一些研究表明，只要工作人员稍微细致一些，就可以实现90％以上的转换效率，甚至还能节约成本。

- 使用回收废胶木来铺设人行道路：3分。

第八章

# 环境工程

　　土地开发项目中可以运用各种各样的工程方法实现可持续发展。其中一些方法高度模拟自然生态系统，而另一些则加速或增强了自然生态系统的发展进程。前者往往成本较低，具备易维护和低能耗的特点，而且具有多种功能（如栖息地环境改善、水文调节、水质保护等）。但是，相比高科技措施，模拟自然系统的方法通常会留下更多痕迹，且需要耗费更长的时间才能达到相似的效果。而强化的工程措施可以在较小的空间内用更短的时间达到相同的效果，因此更适合开发密度较大的场地。《生态建设与土地开发》以结果为导向，而不是以技术为导向，所以并不存在方法的优劣。

　　本章介绍了一些可以实现可持续开发的工程方法，其中包括绿色可持续工程方法和传统施工方法。文中将详细介绍两者的优缺点和系统运行方法。本章还将通过一些案例来介绍成本和资源信息。只有选择适合开发场地的方法才是最好的方法。

## 水土流失及其防治

　　预防和控制水土流失能够避免水体内泥沙的过度沉积，保护土壤和栖息地，并保障水体质量。许多普遍使用的方法也只在控制水土流失方面取得了成功，因此建议采取多层次的保护措施。其中，需要特别注意的是保护措施稍有差错可能会导致严重的后果。本书描述的很多方法只能在污染源或接近污染源的地方发挥作用，而这也是首选的实施策略。一旦沉积物随水流被携带至河道下游，清除和处理起来都会很困难。很多在下游实施的溪流处理措施收效甚微。鉴于这种情况，本书建议采用适应性管理措施。一个更好的办法是将沉积物作为一种资源保留在场地内，帮助培育所需的土壤。通常情况下，地方性法规禁止泥沙向场外流失，并强制要求采取相应的措施。水土流失的监督和防治需要落实，而不仅仅是遵守法律规定。

## 覆盖物

覆盖物（有机材料薄层）通常与植物种子混合在一起用来覆盖裸露的土壤，可以在植被建立初期预防径流。因为覆盖物能够抵挡雨水的冲击，起到固化土壤的作用，所以能够有效地防止泥沙流失；它们吸收部分水分，有助于防止细沟侵蚀（初始河道的形成）。应在移除植被后或者至少在第一场暴雨来临之前尽快将覆盖物覆盖在裸露的土壤上。可以用作覆盖物的材料包括干草、木屑、堆肥、庭院垃圾、水播草种（一种混合物，其中包含种子、覆盖物、肥料、水以及在种子萌发之前对其进行固定的增黏剂）和聚丙烯酰胺在内的各种材料。可以将覆盖物用网格或增黏剂进行固定或经机械冲压植入地面。近年来，堆肥和木材废料（用于覆盖物或护坡）等技术的革新都显示出了很好的效果。但是，稻草覆盖等传统技术比水力播种和聚丙烯酰胺等新技术更有效。

此外，覆盖物还有控制和减缓径流等益处。一项研究把稻草和草皮与木丝（屑）、黄麻织物、椰子纤维毯和椰丝毡垫进行比较，发现这些材料都可以有效防止水土流失，但只有草皮、稻草、黄麻织物能够明显减小雨水径流。

木屑常被视为一种废弃物，用削片机对场地上移除的植被进行处理，就可以轻易获得木屑，它能够有效减少裸露土壤的水土流失。使用多种尺寸的木屑碎片效果最好，其次是大尺寸的木屑。庭院垃圾是另一种常被丢弃的材料，同样是可以有效防止细沟侵蚀的覆盖物。堆肥的效果同样显著，并且不会对水质产生任何不良影响。

## 防护垫和防护毯

防护垫和防护毯可在种子生长或在需要采取一般性侵蚀控制措施的地方起到稳固裸露土壤的作用。与覆盖物不同的是，它们更加厚实且通常被编织或处理成其他的结构形式。它们可以由合成材料（如塑料）和天然材料（如椰子纤维）制成，适用于陡坡地段。防护垫和防护毯覆盖着土壤，使下面的水无法自由流动。重要的是，要用金属桩或钉子固定防护垫和防护毯，确保妥善安装。在防止水土流失方面，防护毯通常比覆盖物更有效。

## 淤泥围栏和草捆

淤泥围栏由钉桩在裸露土地基底处的土工布构成。它占用空间小、安装方便，价格也相对便宜。这些因素使其成了应用最广的水土流失防护措施；然而，它经常由于安装和维护不当而无法发挥作用。在使用淤泥围栏时需要注意的一个问题是，围栏底部要锚固在地下至少15 cm深的地方；不加锚固的围栏起不到任何作用。淤泥围栏和干草捆只能在发生水土流失时对其进行控制，但不能起到预防作用，因此应与覆盖物或防护毯等其他水土流失的防护措施结合使用。

研究表明，淤泥围栏并不起到过滤器的作用，它更像一个水坝，可以形成一处临时沉降池。这会产生两大影响：首先，淤泥围栏的负载量必须保证它不仅能够拦截泥沙等沉积物，还可以承受积水的巨大重量；其次，淤泥围栏上的任何缝隙、较大的开裂或破孔以及由于围栏根基不牢造成的破损都会使水流快速通过，使其失效。一种强化淤泥围栏的方法是用钢丝网栅栏进行加固。按照这样的工程标准，建造一座或更多的淤地坝也许更有效。

草捆具有和淤泥围栏类似的功效，但必须严格安装。它们需要被埋入地下至少15 cm深的地方，这在同类预防措施中是比较少见的。应使用木桩或钢筋对其进行锚固，且必须防止产生空隙。具体实施时需要采用双层草捆，还有一些在实践中不常见的东西。

在大量安装中，淤泥围栏和干草捆似乎更像是创可贴，是应对水土流失

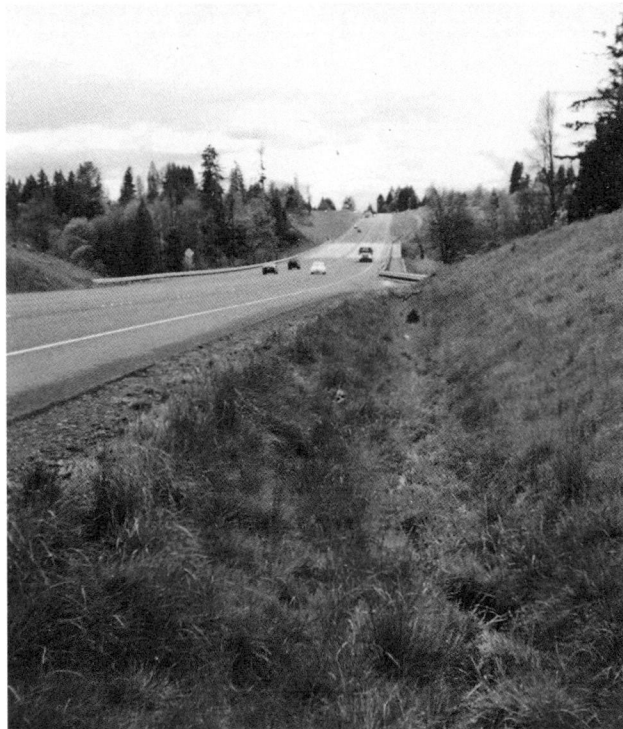

对于路边沟渠，永久性加固草毯是
混凝土或乱石路基的"柔性"替
代品。植被稳固后，防护网仍然存
留。© 图片由北美绿色组织（North
American Green）提供

光降解的聚丙烯网、稻草和椰子填充物可使防护垫在一年之内自行降解。© 图片由北美绿色组织（North American Green）提供

滤布埋槽断面图

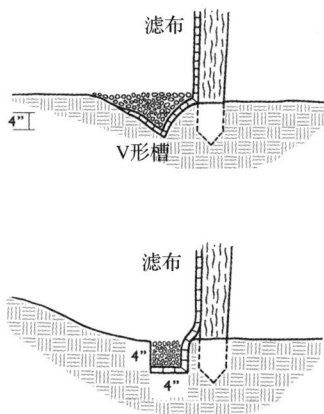

滤布

4" V形槽

滤布

4"
4"

淤泥围栏

为稳固安装淤泥围栏，需要挖掘
10 cm 深的沟槽，且织布须掩埋至
20 cm 深的土壤中。© 丹尼尔·R. 阿
卜杜（Daniel R. Abdo），改编自北
卡罗来纳州流失和沉积物控制规划
设计手册，1988。（North Carolina
Erosion and Sediment Control Planning
and Design Manual, 1988 ）

如何安装淤泥围栏

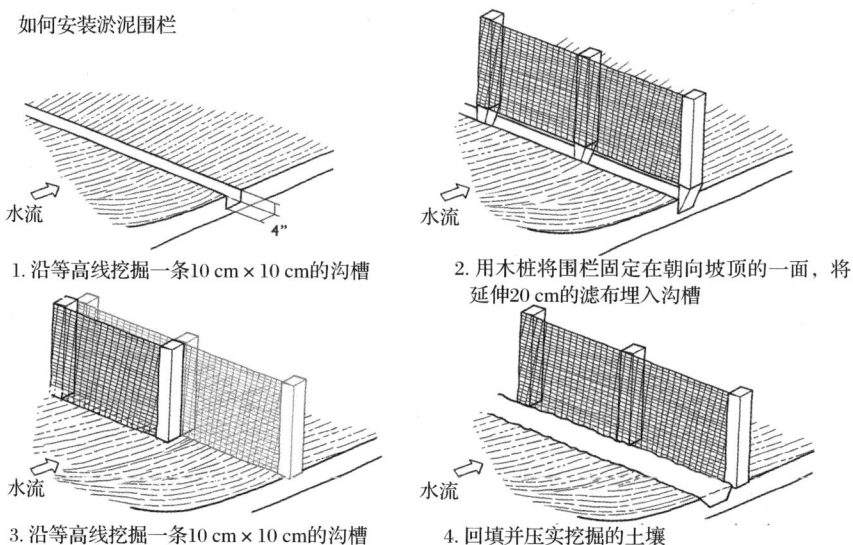

水流

1. 沿等高线挖掘一条10 cm × 10 cm的沟槽

水流
4"

2. 用木桩将围栏固定在朝向坡顶的一面，将
延伸20 cm的滤布埋入沟槽

水流

3. 沿等高线挖掘一条10 cm × 10 cm的沟槽

水流

4. 回填并压实挖掘的土壤

控制条例的敷衍做法。这些措施应作为多层次水土流失防控体系的一部分，
并得到正确实施。

## 有机护坡

在拦截流失土壤颗粒方面，由堆肥或木材废料构成的低护坡的防护效果
已被证明优于干草捆和淤泥围栏。一旦种子发芽生长，就会起到固土护坡的
作用，而且这些物质可以渗入土壤中，无须进行任何清理处置。

## 纤维捆

纤维捆可以安装在裸露土壤的周围来预防泥沙径流。可采用使用寿命比
稻草毯更长的椰壳纤维。纤维捆的价格通常比淤泥围栏高，其外形更美观，
但它们的维护成本也更高。经测试，纤维捆还可以防止海岸线受到侵蚀。

椰壳纤维捆可防止水土流失和泥沙径流，并可随植物生长而降解。正确的安装包括使用木棍对天然纤维捆进行位置固定。© 查尔斯·梅耶（Charles Mayer）

## 柴笼

柴笼是一种长索状树枝捆。它们可以沿着陡坡周围设置，具有拦截被侵蚀物的功能；部分固定或桩钉到适当地点时效果最佳。

## 椰壳纤维

椰壳纤维可以稳固土壤基质并为植物生长提供良好的条件。椰壳纤维具有抗拉、吸湿等特性，并且其分解速率适合充当临时基底固定物。它通过商业加工成为生物工程模块，其中还包含预培养植物。它也可以用于制作覆盖物或防护毯。因为高能量水流会破坏其有效性，所以椰壳纤维在作为生物工程模块时可能不适合在水中使用。

- 预先种植的植物区域可提供大面积的临时栖息地，并具有防止水土流失的功能。
- 椰壳纤维可以稳固河床，并为种植植被提供条件。

这个不稳定的斜坡采用6 m长的杆子将表层岩石固定在更稳固的深层石英岩层上。椰壳纤维可以控制土壤流失并为恢复植被提供基础。3个月以后，植被将边坡完全覆盖，未形成沟壑侵蚀。© 戴弗洛生物工程公司（Deflor Bioengenharia）

在环境敏感地区，合成材料可能对野生动物和栖息地造成威胁。这些地区会采用一种可完全生物降解的生物网——由黄麻纤维编织、稻草纤维填充、棉线缝制，可在一年内降解。织网顶部的交织线绳可以自由移动，降低了动物被困其中的风险，且促进了植被生长。© 图片由北美绿色组织（North American Green）提供随着植物根系发育，椰壳纤维可以聚积沉积，进行生物降解，具有稳固土壤的功能。

- 椰壳纤维隔板可用来提高沉降池的效率。

## 海岸线与河岸保护

下面介绍的措施适用于防治水流量大的海岸线和河岸的水土流失，这些技术的专业性较强。在暴雨期间，水流量大会造成严重破坏。

- 活木桩：生根后能对河岸起到稳固作用的植物。它们可以用来固定诸如柴捆、木头、灌木垫以及用于控制水土流失的编织物等其他水土流失防治设备。活桩价格低廉，通常取材于扦插生根能力强的亲水植物。
- 树枝箱：树枝箱用作近海防波堤，在自身发生生物降解之前能够提供为期5～10年的海岸线保护。树枝箱由捆扎的枯树枝制成，以垂直木桩平行固定于海岸线上。树枝箱应视作一种临时性防护措施（持续几年的时间），需要定期更换。

在岩屑滑坡之后，为防止边坡水土流失加剧，沿梯田轮廓插入成捆的活柳枝以阻挡侵蚀物，起到稳固边坡的作用。© 皮埃尔·雷蒙德水土流失控制有限公司（Pierre Raymond of Terra Erosion Control Ltd.）

在温哥华边坡稳固工程中，土工布毯和枝条篱笆将生长基质固定在适当位置。在活桩和树枝压条的固定下，裸露的边坡重新长出本土植物。© 约翰·格林顿（John Grindon），布林克曼联合设计公司（Brinkman & Associates, Ltd.）

斜坡上种植了本地草本、木本和灌木植物，并覆盖了一条水土流失防护毯。© 北达科他州格拉夫顿市红河区域委员会河岸工程（Red River Regional Council's Riparian Project, Grafton, North Dakota）

- 其他技术：文章中介绍了其他河岸保护措施。另外，艾奥瓦州（Iowa）自然资源部出版了河岸水土流失防治手册。需要谨慎采取针对溪流的措施，因为溪流地貌往往由大范围流域的特性决定，在

河岸被重塑成一个更加缓和稳定的斜坡。柴排覆盖斜坡，提供了一个可以种植活柳树的基底。块石坝趾进一步保护河道免受水流的侵蚀。© 北达科他州格拉夫顿市红河区域委员会河岸工程（Red River Regional Council's Riparian Project, Grafton, North Dakota）

局部地区采取针对溪流的措施无法改变这些特性。

## 水质浊度监测

在场地开发建设期，要想成功地减少泥沙流失，需要频繁实施监测，并及时调整防治措施。最简单、快捷的方法是测量目标水体的浊度或浑度，因为它们是测量悬浮沉积物的一个很好的替代指标。通常情况下，浊度单位（NTU）指每升水中含有1 mg $SiO_2$ 所构成的浊度。尽管不同地区的数值会存在差异，但大多数地区的NTU值通常为1~10。通过测试当地清洁的溪流可获得该地区水质的基线值。

浊度可以由非专业人士测量，可以测量单个时间点或连续时间段（首选）。尤为重要的是，暴雨时的浊度趋向最大值，应在此时测量。

## 其他资源

从肯塔基州水利部门（Kentucky Division of Water）的网站上可以下载详细的防治水土流失的指南文件。同时，流域保护中心（Center for Watershed Protection）的网站上也提供了有关水土流失以及其他水文问题的丰富信息。

## 雨洪管理：径流质量和数量

已开发地区的雨水流量大时，会产生很强的破坏性，并携带高浓度的污染物。要解决这一问题，往往需要在临近源头的地方对径流进行滞留、渗透和净化处理。减小径流量的很多方法往往也可以保护水质，所以工程上通常会同时考虑这两方面的问题。

雨水径流携带了屋顶、停车场和道路等非渗透性表面的污染物。在已建

三个试管中的植物根系证实了土壤板结度对根系生长的影响。© 马赫迪·埃尔-凯西（Mahdi Al-Kaisi）和史蒂芬妮·尼尔森（Stephanie Nelson）

落水管

溢流管

飞溅垫

可锁式翻盖

30.48 cm

进水管

30.48 cm

多孔管

半径为
为45.72 cm,
石料填充

过滤层

最小间距为
304.8 m

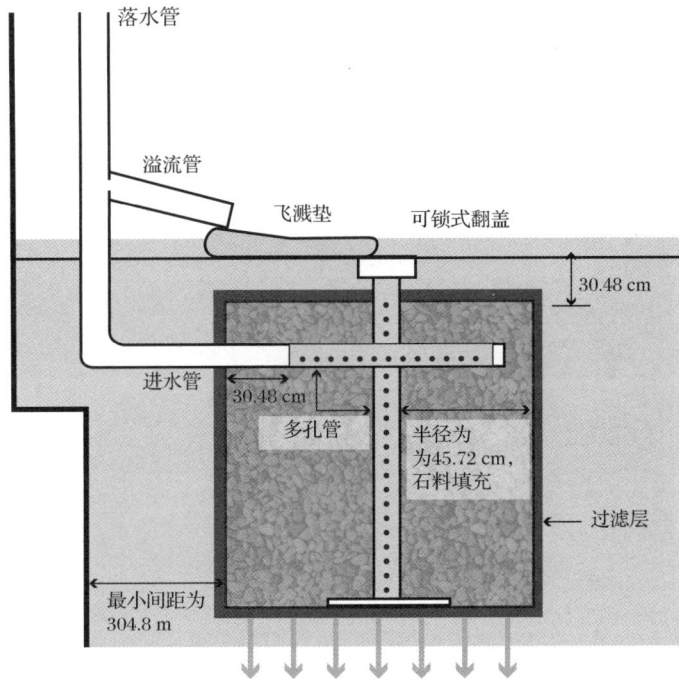

渗水井剖面图

渗水井将雨水导入一处地下砾石填充室，再由此向下渗透。© 巴尔莫里联合设计事务所（Balmori Associates），改编自T.R.舒勒（T.R. Schueler）

成的区域，雨洪通常先汇入市政地下雨水管道系统，再转移至污水处理设施。遭遇大暴雨时，处理厂无法承担大流量的雨水汇入，因此大量携带污染物的径流未经任何处理就被直接排放到受纳水体中。通常情况下，雨水中包含碳氢化合物、沉积物、重金属、营养物，并携带细菌，雨水中所发现的污染物数量与原污水接近。为了防止这些污染物进入水体，应采取措施进行现场处理并削减雨水流量。

## 土壤通气

　　土壤通气的方法可以在因土壤板结而抑制下渗的地区发挥作用。加大板结土壤密度、分解土壤团聚体、降低土壤孔隙度以及增大雨水径流量和土壤该雨水收集系统有一个小型水泵，并配备了一个压力罐、一个压力开关和一个浮控开关，能够有效地将收集到的雨水分配到需要的地方。© 尼克·孔茨（Nic Koontz），克莱姆森大学可持续农业项目（Clemson University Sustainable Agriculture Program）

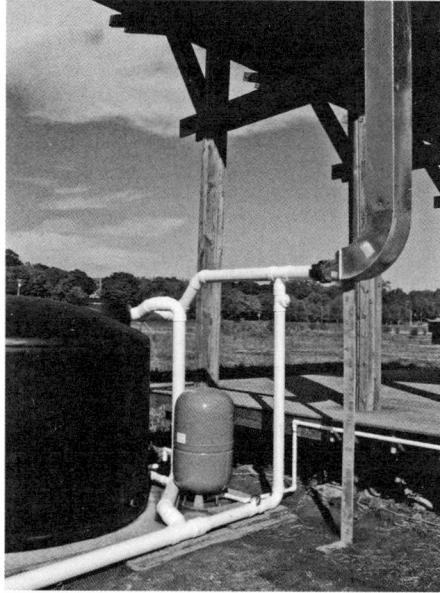

流失量，可以改变土壤结构和水文特征。指定专门场地用于行驶和停放施工设备，在土壤表层覆盖一层厚厚的粗骨料岩石以减轻承载重量，或采用可在较大接触面积上分散自身重量的设备等方式，可以减少土壤通气的处理

该雨水收集系统一次最多能够收集5.7 $m^3$的雨水，可以在连续三周干旱的情况下，满足建筑物和景观的灌溉需要。它展示了小型农户和家庭用户对雨水收集的可行性和应用技术。© 尼克·孔茨（Nic Koontz），克莱姆森大学可持续农业项目（Clemson University Sustainable Agriculture Program）

需求。板结土壤还可通过耕作、注入高压气体（如Terravent）或在有无土壤改良剂（如泥炭、木屑、草料、秸秆、堆肥、木屑或蛭石）均可的情况下运用金属钉状物或插入通风装置等方式来进行透气处理。

## 渗水井

渗水井的作用是将径流渗入地表之下。通常采用地下走廊的设计形式，其间布满粗砾石，提供临时存储容量和与含水层相接触的表面区域。渗水井的优点是最大限度地减少地面基础设施和地下水补给以及降低地面空间需求；其缺点之一是可能会污染地下水。因此，只能安装在土壤排水良好、水位低于地表几米的场地上。

## 地下储水室/水箱

地下储水室可以用来收集雨水（有时也可以当场处理雨水），通常设置在停车场的下方。停车场将水逐级排到储水室中；同时，储水室也可收集来自屋顶或其他非渗透性区域的雨水。储水室可以在排放前对水进行一系列的沉降和过滤处理，其优点包括改善水质、最大限度地减少地面空间需求，并且可以被安置在高度开发的地方；其缺点包括高成本和多维护。

## 雨水收集

将非渗透性表面收集的场地雨水用于灌溉或其他建设需求，这样可以减少对饮用水的需求。系统设计的原理通常为先收集屋顶径流，再通过落水管排入与建筑内部或外部（地上或地下）的储水箱相连的沙滤器中，最简单的系统是在每个落水管的下方放置一个储水箱。屋顶雨水的水质通常很好，尤其是当屋顶被最先降落的雨水冲刷之后。弃除降雨初期的雨水是一个能够避免大量污染的简单方法。收集的雨水可被用来灌溉或经处理后用于建筑内部的冲厕和洗衣等。经过充分处理后，也可以作为饮用水使用。处理设备的设计尺寸也适合家庭或小型建筑物使用。雨水收集减少了对市政排水基础设施和用水的需求，在水资源稀缺或水质不佳的地区是最为实用的方法。

可从得克萨斯水利开发局（Texas Water Development Board）的网站免费下载详细的雨水收集指南。

## 渗透性铺装

渗透性铺装可以大大减少雨水径流并提高停车场、人行道和其他常见非渗透性区域的渗透性。可选择多孔沥青混凝土、块状摊铺材料和塑料网格等类型的产品。下面将介绍几款在特定情况下可用来取代传统非渗透性铺装材料的产品。

- 多孔混凝土：透水混凝土具有多孔结构，空隙间隔大，有利于水分渗透。通常其入渗速率能够达到12.7 cm/min，相当于最强降雨的入渗速率。混凝土下方的渗透能力更强。多孔混凝土应安装在高于粗砾石15～20 cm的位置上，可以临时储存雨水并有助于雨水下渗。一项研究发现，在南卡罗来纳州百年一遇的暴雨期，因该材料具有较高的入渗率，故产生的径流量几乎可以忽略不计。其铺设可以通过传统的预拌混凝土运送车来完成，建议固化时间为七天。细孔堵塞可以通过真空打扫或压力冲洗来解决。其冻结和解冻特性使其能够在寒冷的气候条件下使用，但应注意避免在冬季打滑。它的使用寿命与传统混凝土相同。虽然安装成本略高，但可能减少或免去对排水基础设施的需求，所以总成本可能更低。一些证据表明，混凝土空隙中的微生物可以去除渗透水中的营养物质和碳氢化合物。多孔结构的粗糙表面在交通繁重的状况下可能会发生剥落。
- 多孔沥青：这种材料在许多方面与多孔混凝土相似。在铺设前对标准沥青进行筛剔，去除细粒结构，保留多孔结构，便于水分快速渗透。它可以作为混凝土的替代品，在45～90 cm的骨料上铺设，预期效果与混凝土一致（存储径流和下渗）。将一层多孔土工布置于底部，以便在水流通过的同时防止土壤细颗粒上移。其成本接近传统沥青，低于混凝土。保养措施包括每年的吸尘打扫，不过这并非强制要求。必须注意避免因对路面功能不了解而进行涂层或封闭处理。碳氢化合物的浸出是所有沥青路面都存在的一个小缺陷，但回收沥青的价值不高。

- 塑料格栅：一些厂家生产的塑料格栅（连锁蜂窝状、环状等）具有稳固地表的作用。草类在其间生长，可以防止土壤板结对根系的伤害。大部分（50%～100%）塑料可以回收利用，从而带来额外的环境效益。一般来说，虽然这些系统可以承载重型车辆，但并不建议在交通繁忙的地区使用，最好在停车场、消防车道等场所使用。这些材料呈片状或卷状，铺设在一层砾石或沙子上，空隙用土沙混合物填充，并在上面植草或覆盖草皮。建成区域的维护与草坪及运动场地的维护基本相同。该产品的维护要求低于传统沥青路面，可运用传统设备对其进行除雪，只需增加防滑板以保持犁片处于路面以上。一些产品存在冷冻或解冻损坏的风险。安装完成后，其外观类似于草地。

- 多孔砖铺筑材料：这些预制混凝土砌块上的孔洞很大，孔洞内可以填充砾石或种植植被，也可以用来设置地下水补给槽。它通常安装在砾石地基上，上面先覆盖透水土工布，再铺设沙层及铺筑材料。塑料格栅铺装的裸露面积高达90%，而多孔砖的裸露面积约为40%，可用于植物种植，总体铺装厚度约为30 cm。多孔混凝土铺筑材料的承载力比塑料格栅更大，但承载力对于任何类型的透水铺装材料来说都不算是缺陷。

## 植被排水渠

普通排水渠只能快速地把水从一点转移至另一点，水土流失的风险很高。植被排水渠则能够滞留雨水，削减洪峰，允许下渗，并促进水质改善。

- 草沟坡度比传统水渠缓和，但比干洼地和湿洼地陡峭。水流必须足够小，以防止植物被连根拔起。
- 干洼地可以在暴雨期间及雨停后即时积存雨水，但其在大部分时间里是干燥的。它们属于小型线性滞留池。理想化的设计是待其建成后，能够储存设定暴雨期（重现期）间的全部水量。如有必要，可以在无水期对其中的草地进行修剪。
- 湿洼地可设置在地下水位较低的地区，其在大部分时间都有积水。它们实际上就是细长状的小型人工湿地。湿洼地应种植能够输送氧气到根部的挺水植物，以防止影响厌氧条件下污染物的生物降解过程。

## 渗透池

渗透池是较大的滞留蓄水池，有助于水渗入地下。它们只能建造在具备良好排水条件的土地上。为了防止地下水受到污染，这些渗透池只接收被过滤掉有毒溶解物质的高质量径流或雨水。水的停留时间通常需要1～3天，不要滞留太久。渗透池会过滤掉细颗粒物。为了防止堵塞，应在上游过滤掉较大的颗粒物质。它包含一个沉淀前池，用来接收携带大量粗糙悬浮物的初期污染径流。前池的日常维护重点在于：保证水流在进入主池之前先对颗粒较大的沉淀物进行处理。在施工期间，重要的一点是避免土壤板结限制渗流。渗透池需要较高的渗透率，当渗透率明显下降时，就需要通过疏浚来清理沉淀物。还应提供一个紧急溢洪道，以防止渗透池过载时护堤发生水土流失。

下渗槽是一种类似于地下渗透池的典型的线性结构，适用于空间狭小的地区。穿孔的地下管道使水流分散到土工布包裹的石床中。© 卡希尔联合设计公司（Cahill Associates, Inc.）

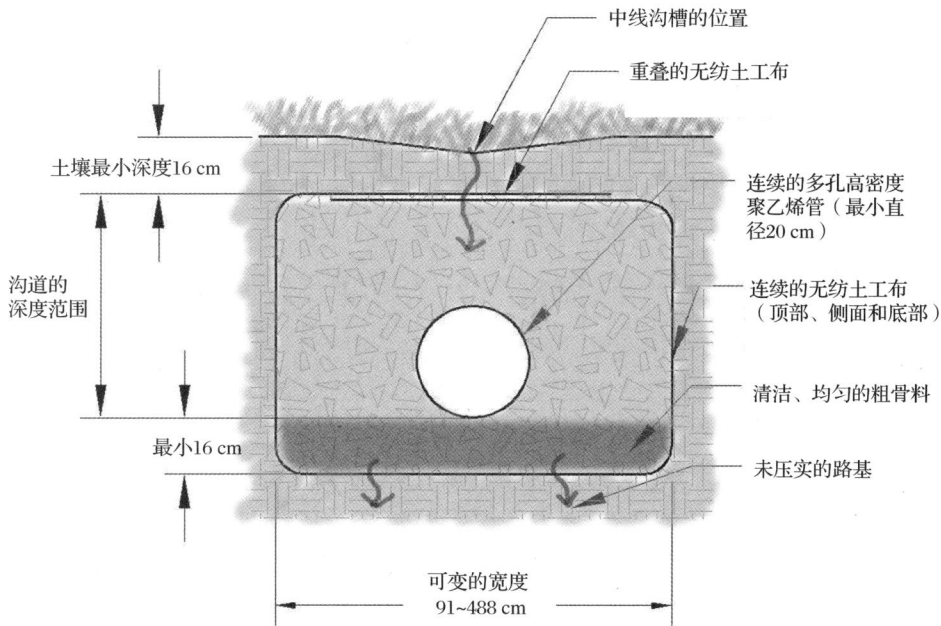

中线沟槽的位置

重叠的无纺土工布

土壤最小深度16 cm

连续的多孔高密度聚乙烯管（最小直径20 cm）

沟道的深度范围

连续的无纺土工布（顶部、侧面和底部）

清洁、均匀的粗骨料

最小16 cm

未压实的路基

可变的宽度91~488 cm

用于二级或三级污水处理的地下化粪池。© 约翰·斯特拉特（John Strutt）

AIRR系统
（交替间歇循环反应器）

①-污水量配池接收从化粪池排出的污水，并定量泵入下一个腔室；②-二级处理介质中的细菌对污水进行初次生物处理；③-再循环池接收污水，并将其定量泵入喷灌系统；④-喷洒经过部分处理的水，增加氧气含量，使细菌活动极度活跃；⑤-流入二级处理介质中的水体开始再循环。流入三级处理介质（从未接收过原污水）中的水体经过最后处理，再排放至排水区、贮水池，或进行四级处理。© SPEC工业公司（SPEC Industries, Inc.）

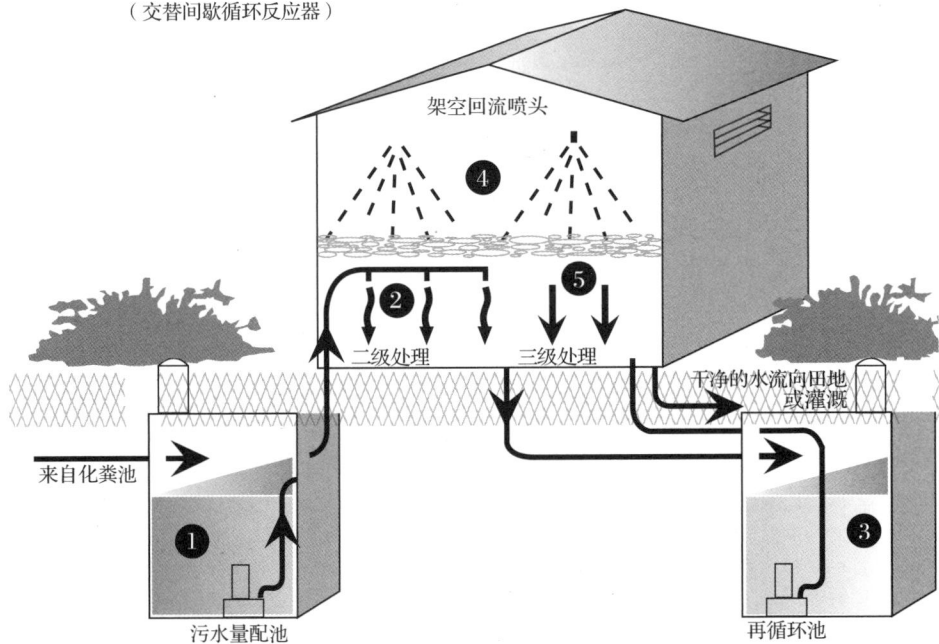

架空回流喷头

二级处理     三级处理

来自化粪池

干净的水流向田地或灌溉

污水量配池     再循环池

## 污水处理

　　污水是冲厕和高固体源的处理产物。大部分洗手、洗澡的污水只含有较少的污染物和细菌，是可以被当作中水再利用的，标准的处理方法是建立化粪池和沥滤场。化粪池能够清除悬浮物以及沉淀物，并进行一定量的生物处理。沥滤场的污水则分散在砾石填充的沟槽中，细菌膜会对其进行深度清洁处理，土壤会对其进行最终的过滤处理。

　　这里介绍的一些系统或设计用于处理化粪池系统污水，或用于将场地中一个或多个组件替换为较小的面积或较浅的泄水台。这些设备为化粪池系统提供等效于二级或三级的处理。根据系统的不同，最终经过处理的污水可滤入指定的区域或经再循环进入双管道房屋以满足其他用途。这些污水处理系统对场地的贡献是传统技术无法比拟的。

### AIRR废水回收系统（SPEC工业公司）

　　交替间歇循环反应器（AIRR）利用生物活性和氧合作用来处理化粪池的生活污水。该过程涉及过滤介质（砾石）、再循环池、氧化喷嘴以及介质表面的细菌活性。为了能够在天井或建筑物附近进行过滤，可对装置进行无异味设计。污水过滤后水质清澈，符合美国国家污染物排放削减（NPDES）许可证制度标准，在土壤排水不良的情况下可以向地表水体排放。

　　系统装置可以安装于地上或地下，不受气候条件的限制。泵的平均使用寿命超过8年，在极少数的情况下需要对介质进行更换或清洗。该装置可以为单个或多个住宅单元提供服务。

AIRR 系统的外观设计可以适应任何风格。只有从地面的水罐盖可以看出这个棚屋结构是一处化粪处理系统。© SPEC 工业公司（SPEC Industries, Inc.）

### Orenco AdvanTex 处理系统

Orenco AdvanTex处理系统是一个循环填充层过滤器，与循环沙过滤器类似，但它采用吸水性极强的机织布（代替沙子）作为处理介质。这使其能够在较小的面积内处理大量的污水。例如，住宅型的占地面积仅为2 m²，能够处理表面积超过4 000 m²的废水；而商业型的占地面积为11 m²，能够处理表面积约为28 000 m²的废水。该系统要求在上游设置配套的初级沉淀池（例如化粪池），并在下游设置配套的污水疏散场地。处理后的污水可用于灌溉，紫外线消毒装置也可以被加入该系统。

住宅型设备的安装费用因地形条件和人工费用不同而有所差异，但至少与设备成本相当。同样，每年的设备维护成本通常等于或小于每月的市政污水处理费用。该系统包含一个"智能"遥控面板，可以诊断问题并提出解决方案。商业型的系统增加了一个污水管道，为单个区域和整个社区提供废水处理方案，流量处理范围为9.5 m³/d~946.4 m³/d。

### Equaris 生物体测序器

Equaris技术的卓越能力具体表现在以下方面：通过生物体测序器对厨房有机废弃物和厕所污水进行分离处理后制成堆肥；在单独的化粪池中对残留中水进行生物处理。堆肥产物安全无毒，可作为非食用性植物和树木的肥料。处理后的中水可以安全排放至一处占地面积很小的场地，或借助无限水循环系统，采用臭氧、超滤和反渗透等方法，完全循环处理为可饮用水。采用这种方法处理后的水质优于瓶装水，完全可以在家庭或企业中循环使用（甚至可以饮用），而且在此过程中不会产生或排放废水。该系统取代了井、化粪池、输水管道或下水道的作用。补给水的获取主要通过收集屋顶的雨水，然后将其存储在2个容量为2 m³的水箱中。

### Clivius 堆肥厕所和中水系统

Clivius堆肥厕所和中水系统将废水和中水分离后进行再处理。它适用于新开发的独立应用程序和现有系统。标准的堆肥器包含三个冲水马桶，不建议将其堆肥作为肥料使用，该系统通常安装在地下室。

### 生物废水处理系统（Living Machine，简称活机）

活机是一个多功能系统，可以将污水和中水处理成达到可回收利用标准的中水。处理过程主要由温室内的一系列密封或开放的储存罐完成。处理措施包括厌氧反应和好氧反应、澄清、人工湿地处理、紫外线消毒、堆肥芦苇床和过滤。过滤后的水质可达到传统的二级处理标准。

活机处理过程有别于传统的废水处理，它更多地利用植物，步骤多，处理便捷，在温室内操作。和传统的污水处理厂相比，它提高了废水处理过程的美观性。因此，活机处理系统可以建立在那些抵制设立传统污水处理厂的场所；其碳足迹和能源消耗与传统污水处理厂相似。

活机通常在废水处理及其示范或教育作用同样重要的情况下使用。该系统的一个优点是即使在安装之后，人们也可以灵活控制其过程中的各个阶段，满足不断变化的需求。此外，该系统产生的污泥量较低，且可将污泥当作肥料重复利用。系统的处理能力为9.5~378.5 $m^3/d$，机器设备可完全由太阳能驱动。

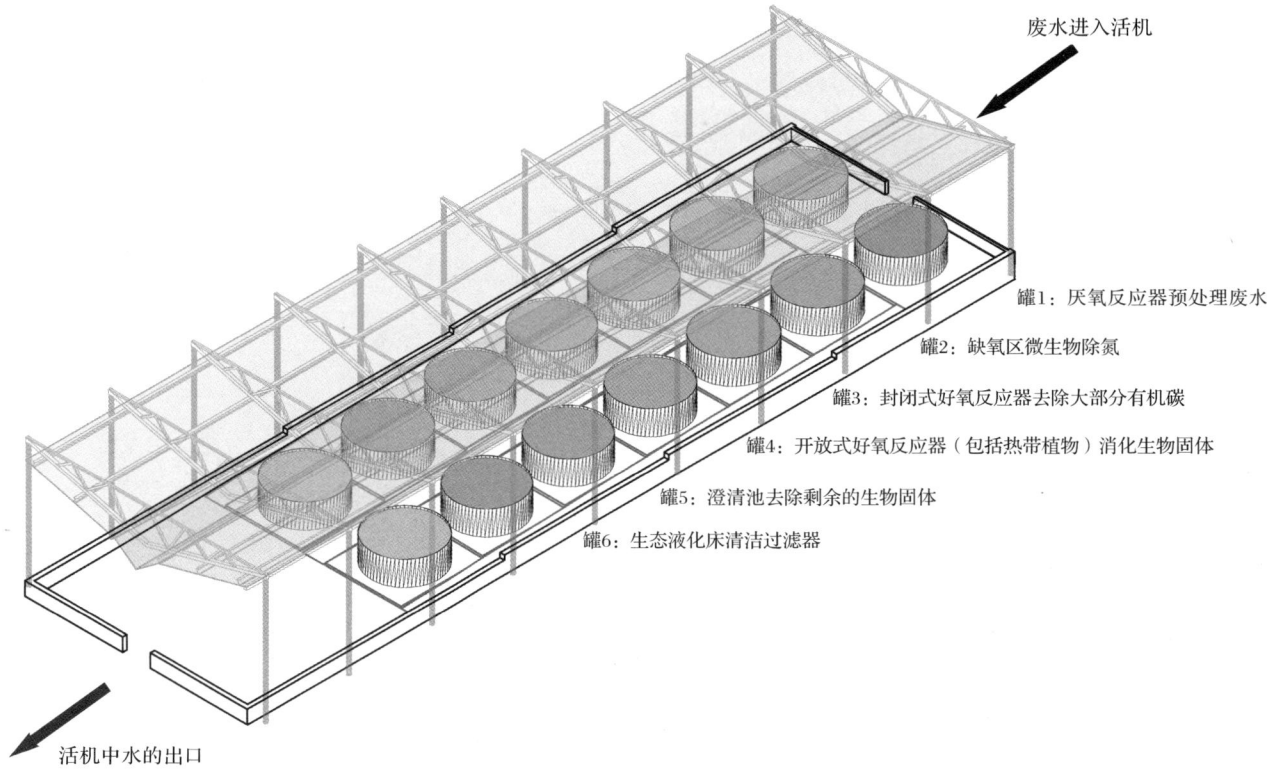

废水进入活机

罐1：厌氧反应器预处理废水

罐2：缺氧区微生物除氮

罐3：封闭式好氧反应器去除大部分有机碳

罐4：开放式好氧反应器（包括热带植物）消化生物固体

罐5：澄清池去除剩余的生物固体

罐6：生态液化床清洁过滤器

活机中水的出口

活机处理系统使用一系列储存罐来模拟自然系统中水的净化过程，包括一个厌氧化粪池、一个厌氧反应器、一个封闭式好氧池、一个开放式好氧反应器（包含植物和其他生物组织）、一个澄清池、一个生态液化床，通常还配备一个人工湿地系统。© 巴尔莫里联合设计事务所（Balmori Associates）

活机利用自然的生物除污过程处理废水及污水，并向公众普及生物除污的知识。© 巴尔莫里联合设计事务所（Balmori Associates）

## 可再生能源

即使在小型场地，也可以采用一些生产可再生能源的方法。每种方法都各有利弊且并非适用于每一处场地。其带来的益处包括减轻空气污染，减少温室气体排放和降低对进口石油的依赖等。

## 光伏

太阳能可能是小规模可再生能源发电最常见的形式。光伏（PV）面板直接将光能转换成电能，可以直接作为直流电（DC）使用，或储存于电池中，或转换成交流电（AC）向电网出售。光伏设备在天空云量少、阳光充足的场地中最为实用。

与所有可再生能源一样，随着它所替代的当地电力成本的增加，光伏发电的实用性也得到了提升。光伏电池板最常见的安装位置是建筑物的屋顶，也可以安装在空旷的区域。环境成本包括创建面板所需的嵌入式能源和资源以及所置换的树木或其他自然资源。随着大量开发项目开始建立小型独立光伏设施，光伏电池的成本可能会随着使用的增加而下降。

建筑光伏一体化（BIPV）系统的优势包括它可以用作传统屋面材料或墙体部件的替代品，从而节约材料成本，减少生产浪费。建筑光伏一体化系统的高可视性为建筑开发商和住户提供了人工建造环境与自然环境保持可持续发展关系的机会。另外，它们还有美化建筑物的功能。

## 风力涡轮机

风能是可再生能源中最便宜且应用最广泛的能源之一。按单位产电量计算，风力发电成本通常不到光伏发电成本的一半。但美国风力资源分布不均衡，并不是所有地方都适合风力发电。一般来说，风力等级达到三级及以上的地方可以采用风力发电，而美国几乎一半的地区都满足该条件，但许多满足该条件的区域都是敏感地区（如山区）或人烟稀少的地方。而在其他地方，分区规划又禁止使用风力涡轮机。在可行、合规的区域，风力涡轮机的投资回收期很短（通常为6~7年），所以，应认真考虑在这些区域投资安装风力涡轮机。

## 水力发电

在有流水的地方，特别是在地形陡峭的场地，可以采用水力发电。水力发电比较可靠且可预测，昼夜差异小。将降水或流水转换为电能的设备可靠耐用，可以连续工作数年而无须维护，但适合水力发电的场地非常有限。为了有效驱动电动涡轮，水的下落距离至少要达到2 m，且源头的水量越大越好。水平流动的水可用来产生机械能（如推动水车），但这样的应用并不常用。

## 沼气 / 厌氧消化器

有机废弃物可以通过简单的厌氧消化转化成为甲烷。这种技术非常简单，仅需要一种能够阻隔空气的反应容器，并且在发展中国家也得到了广泛应用。从动物粪便到院落的修剪废料，任何能够进行生物降解的有机物都可以用来产生沼气，产生的气体近似于二氧化碳和甲烷的纯净混合物，可燃且无污染。沼气则可以作为取暖、加热、照明的燃料。

## 计算机模型

设计一个环境上可持续发展的开发项目需要仔细规划。在此过程中，计算机模型是一个很有价值的工具，因为它可以基于设计参数的选择对结果进行预测。利用计算机模型可以大大节约时间和经济成本，尝试各种可能的设计，并对结果进行评估。

每个模型的复杂性、精准程度、数据要求、易用性、灵活性、通用性和成本需求各有不同。初次尝试小型开发项目时可以使用一些免费的优化模型（通常由政府机构支持），并利用网上或其他资源中广泛普及的数据取得不错的成效。而对于规模更大、更复杂的开发项目而言，适合它们的模型也会更加复杂，需要利用专业技术进行操作，而且项目的各方面都对专业技术有着很高的要求。

下文将介绍一些有助于项目开发设计的实用模型。在此过程中，需要特别关注模型的功能、局限性、便捷性和实用性。可以模拟建筑物各种环境特征的模型远远多于可以模拟建筑物所在土地的模型。虽然这些建筑系统模型的应用在很大程度上与本书所关注的重点——土地开发本身并不直接相关，但是本书还是要对其进行简单的介绍。

## 暴雨径流

### 推理计算方法

- 根据公式计算一个或多个支流集水区的洪峰流量：$Q = C \cdot i \cdot A$，其中 $C$ 指径流系数，$i$ 指降雨强度，$A$ 指支流集水区的面积，径流系数指地面流水中流出场地的部分，其数值在有植被覆盖的地区为5％或更低，而在非渗透性铺装材料覆盖的地区为95％以上。
- 模型简单，适合小流域。
- 可借助交互式网站进行便捷计算，也可以通过手动计算或采用简单的电子表格轻松完成计算。

### 水利计算机辅助设计（HydroCAD）

- 采用标准的水文图技术，使用雨水建模系统对完整的排水系统进行分析、设计和记录。
- 采用推理计算方法。
- 免费的演示软件可对简单的项目进行评估。
- 更复杂的开发项目则需使用付费版本程序，付费版本会将一个项目细分为若干子流域的排水区。
- HydroCAD程序可从网站上获取。

### TR-55模型

- 一种由自然资源保护服务中心（NRCS）开发和支持的、更复杂的模型。
- 将水流经的时间、土壤类型、地形坡度、水渠特征以及是否存在湿地与其面积大小都考虑在内。
- 仅适用于小流域——水流经时间不超过10小时的流域。

### 水文工程中心（HEC-1）

- 由陆军工程师兵团支持。
- 用于溪流洪水水文图的计算（暴雨水文图展示由暴雨引起的河流水位的快速上升和缓慢下降）。

## 雨洪水质

几乎所有雨洪水质模型都可以预测径流流量。但对于缺乏经验的使用者而言，似乎所有模型都很复杂。

### QUAL2K模型

- 美国环境保护署（EPA）制定的河流水质模型，其早期版本名为QUAL2E。

用户输入

↓

程序图界面

↓

最小再计算特征

↓

产生的径流水文图：

SCS径流图
SBUH径流水文图
拟合数量权重
聚集时间
降雨管理
单位水文图
推理方法图
水线极值演进图
池塘水量变化图
出口液压图
池塘蓄洪容量图

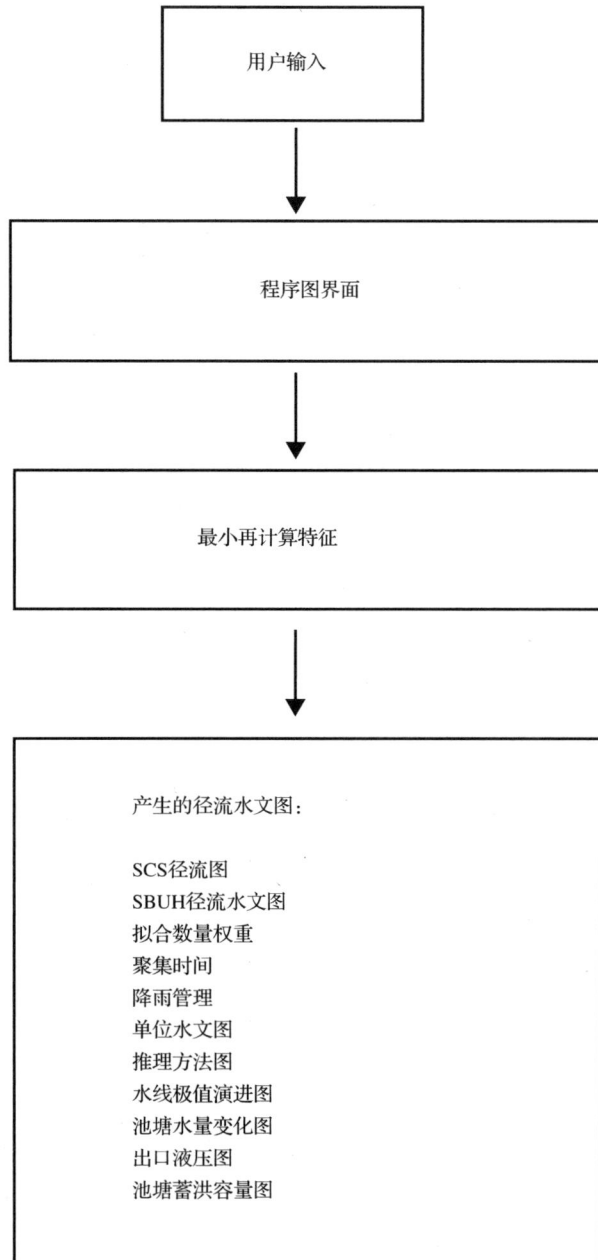

HydroCAD计算机软件允许用户对雨洪流动建模并创建径流水文图。
© 巴尔莫里联合设计事务所（Balmori Associates）

HydroCAD 8.0 流程图

- 在Windows系统下工作，并通过Excel电子表格进行数据输入。
- 操作最简单的水质模型之一。
- 最适合研究营养物质、溶解氧和藻类之间的相互作用。
- 灵活性有限。

### MOUSE模拟软件

- 模拟城市排水系统、雨水渠及下水道的地表径流、明渠流、管流、水质及泥沙输送。

### 水文模拟程序——Fortran（HSPF）

- 由美国地质勘探局（USGS）和美国环境保护署（EPA）支持。
- 是一个能够模拟地表径流、融雪、蒸散量、地下水补给、基流、泥沙、细菌、温度、杀虫剂、pH值和养分等参数的复杂模型。
- 可用于规模从几千平方米到大型河流盆地的项目。

### 优化评估、科学整合点源和非点源模型（BASINS）

- 由美国环境保护署（EPA）支持。
- 是一个多功能环境分析系统，可用于区域、州和地方机构的流域研究以及基于水质的研究。
- 与ArcView GIS系统结合使用。
- 可以对大量点源和非点源数据进行快速评估。
- 在该模型中有时会用到HSPF和QUAL2E两种模型。
- 适用于大规模项目，但对大多数的土地开发而言并不适用。

### 土壤水分评估工具（SWAT）

- 由美国农业部（USDA）支持。
- 评估河流流域的流量和水质。

### 雨洪管理模型（SWMM）

- 由美国环境保护署（EPA）支持。
- 用于分析城市雨水径流、混合下水管道、污水管道以及其他排水系统的数量和质量问题，在非城市区域也可广泛应用。

- 同样适用于规划、设计以及区域控制和影响评估。
- 数据集中且需要确保其准确性。

### PCSWMM模型

- 利用美国环境保护署（EPA）雨洪管理模型（SWMM）的核心流程提供一个功能强大的地理信息系统（GIS），可选择连接到现有的GIS/AM/FM/CAD数据库。
- PCSWMM是美国环境保护署（EPA）雨洪管理模型（SWMM）的决策支持系统。

## 土壤流失

### 通用的土壤流失方程式〔USLE / RUSLE（修正后）〕

- 能够预测土壤流失速率。
- 由美国农业部（USDA）开发。
- 是建立在大量观测数据基础上的简单的经验模型。
- 可以由新手操作。
- 专门为农业领域而开发，但也适用于其他用途的土地，尤其适合施工场地。
- 基于公式 $A = R \cdot K \cdot LS \cdot C \cdot P$（其中$A$指土壤流失，$R$指降雨径流侵蚀因子，$K$指土壤可蚀性因子，$LS$指坡长或陡度因子，$C$指覆盖管理因子，$P$指支持实践因子），所有因子都基于场地的基本测量值。

## 风 / 空气

### 风向频率图（WRPLOT View）

- 基于WRPLOT软件，由美国环境保护署（EPA)开发。
- 能够为任意场地生成定量风向频率图。

```
┌─────────────────┐
│   接收径流的      │
│   支流集水区      │
└─────────────────┘
         │
         ▼
┌───────────────────────────────────┐
│          水文运输系统               │
└───────────────────────────────────┘
         │
         ▼
┌───────────────────────────────────┐
│  通过管道、水渠、储存/处理装置、泵站  │
│  和调节器进行径流运输               │
└───────────────────────────────────┘
         │
         ▼
┌───────────────────────────────────┐
│          评价系统                  │
└───────────────────────────────────┘
       │              │
       ▼              ▼
┌──────────────┐  ┌──────────────────────┐
│   流量和质量   │  │  流速、径流深度、        │
│              │  │  管道及水渠内水质       │
└──────────────┘  └──────────────────────┘
          \            /
           \          /
            ▼        ▼
┌───────────────────────────────┐
│  输出报告：                     │
│                               │
│  测线图                        │
│  彩色编码的排水面积图            │
│  时间序列图表                   │
│  统计频率分析                   │
└───────────────────────────────┘
```

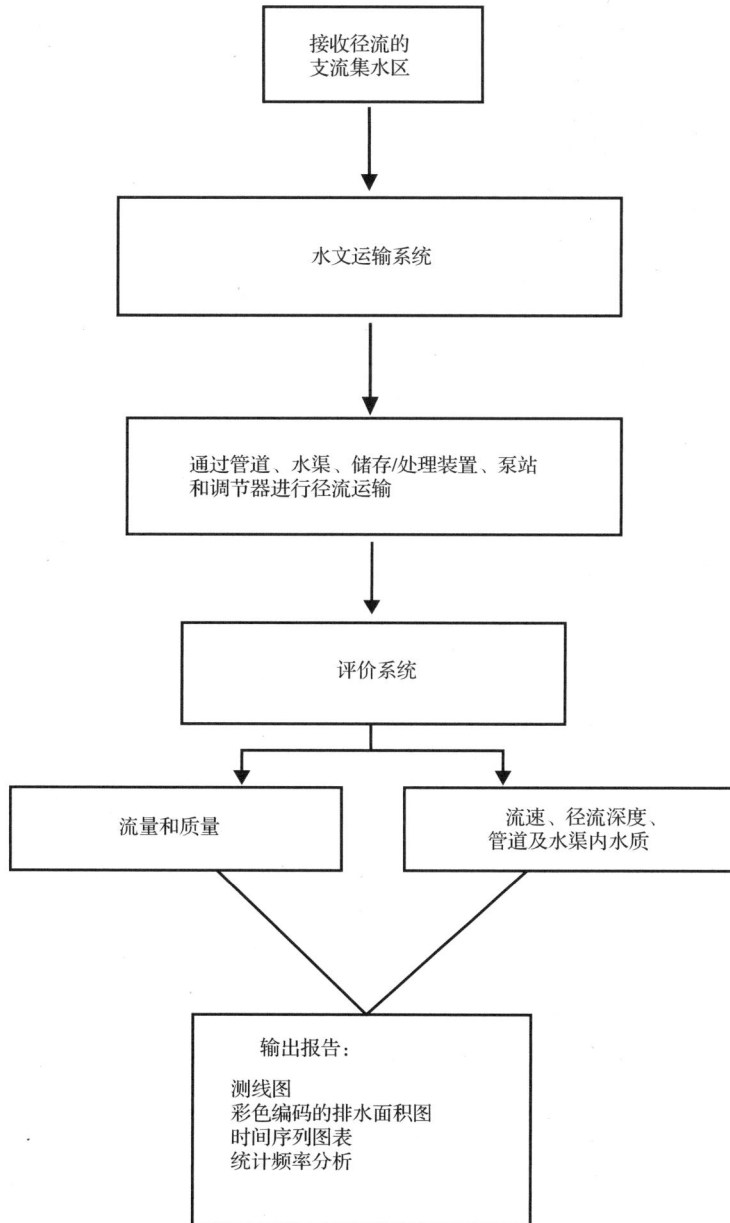

SWMM 5.0 流程图

工程师和顾问们利用美国环境保护署（EPA）的雨洪管理模型（SWMM），通过计算机软件来模拟不同降水事件中的径流量和水质。© 巴尔莫里联合设计事务所（Balmori Associates）

- 方便新手使用。
- 使用互联网上现成的气象数据。

### 多区渗透专家联合（COMIS）

- 模拟建筑物中气流和污染物的分布。
- 模拟工作室为COMIS，用户界面适合 UNIX 或 Windows 系统。

## 照明

### 先进的采光和电照明集成新环境（ADELINE）

- 提供有关室内照明系统（自然光照和电照明）性能的信息。

## 能量

### 沼气

- 可计算小型沼气厂的设计和性能。

### DOE-2分析软件

- 根据建筑所在地区的气候、建造结构、运作、公共设施使用率、取暖、通风以及空调设备等信息，计算一处商业建筑或住宅每小时的能源使用量及费用。
- eQUEST 和 PowerDOE 是该软件的其他版本，使用更加方便。

### 能源+（EnergyPlus）

- 是一套建筑能量模拟程序，可以对建筑取暖、制冷、照明、通风和其他能量流进行建模。
- 可以读取输入的数据并将输出的数据转化为文本文件，最好使用专为该程序开发设计的用户界面。
- 由美国能源部（USDE）支持。

### 家用节能程序

- 专为住宅计算能耗的免费交互式网络工具。
- 由美国能源部（USDE）和美国环境保护署（EPA）资助，是国家能源之星计划（ENERGY STAR Program）的一部分，旨在提高家庭能源的使用效率。

### ProForm

- 对可再生能源及能源效率项目的环境和经济影响进行基本评估。
- 计算基本的经济指标，避免被评估项目的二氧化碳和当地空气污染物的排放。
- 在电子表格上操作。

## 交通运输

### 交通规划（TRANPLAN）

- 一系列的集成程序，其中包括高速公路和运输系统所提供的四步出行需求模型，即出行生成、出行分布、方式选择和行程分配。

### 城市交通规划系统（UTPS）

- 20世纪70年代由美国交通运输部城市交通管理局开发的分析工具和方法系统。
- 由四个基本模型组成：出行生成（预测出行次数）、出行分布（决定出行地点）、方式选择（预测人们在已有的出行方式中会选择何种方式出行）和行程分配（预测出行选择的路径，以便预测高速公路系统的交通流量，并为换乘系统预测客流量）。
- 可使用商业版本（如TransCAD），也可以从Caliper公司（Caliper Corporation）的网站上下载。

这是一款分析建筑能耗的计算机程序，可以预测各种建筑的能源使用情况和成本。© 巴尔莫里联合设计事务所（Balmori Associates），改编自詹姆斯·赫希（James Hirsch）

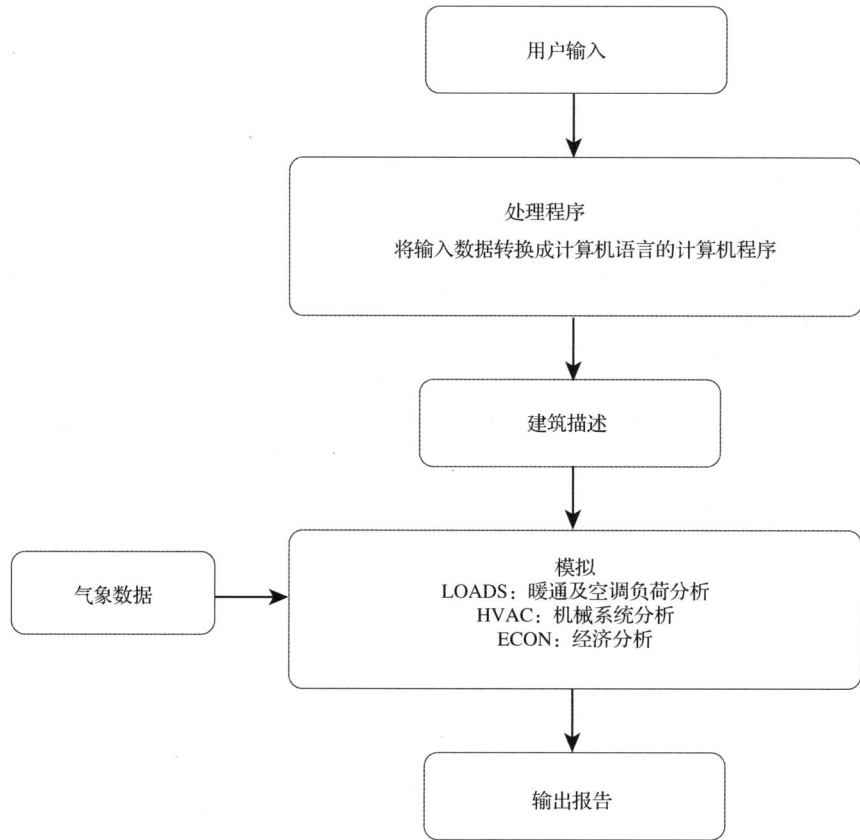

```
        ┌─────────────────────┐
        │      用户输入        │
        └─────────────────────┘
                  │
                  ▼
┌─────────────────────────────────────┐
│              处理程序                 │
│  将输入数据转换成计算机语言的计算机程序  │
└─────────────────────────────────────┘
                  │
                  ▼
        ┌─────────────────────┐
        │      建筑描述        │
        └─────────────────────┘
                  │
                  ▼
┌───────────┐  ┌─────────────────────────────────┐
│  气象数据  │─▶│              模拟               │
└───────────┘  │   LOADS：暖通及空调负荷分析       │
               │   HVAC：机械系统分析             │
               │   ECON：经济分析                │
               └─────────────────────────────────┘
                              │
                              ▼
                  ┌─────────────────────┐
                  │      输出报告        │
                  └─────────────────────┘
```

DOE 2.2  流程图

第九章

# 可持续开发的多种途径

真实的项目案例研究表明，一个工程项目的可持续开发可以采取多样化的途径。过去十几年内建成的项目展示出了实现可持续开发方式的多样化，从住宅规模的具体技术细节到应用于城市区域范围的总体实施方案，可持续开发的具体方法因项目规模的不同而变化。本书收录的项目案例并非包罗万象，而是选取了一些可供借鉴的案例。新的方法层出不穷，近年来的一些项目也体现了业内人士在可持续开发领域中的不断创新。

以下课题值得关注：一个是新型项目合作关系，如开发商和环保组织之间的合作关系；另一个是新兴材料的运用或旧材料的新用途。另外，一些新兴项目也同样引人注目，它们运用全新的方法改造基础设施和场地，可再生材料的使用明显增加。这些项目的共同特点是将美学当作一个重要的因素，虽然美学通常与可持续性毫无关联，但美学不应该被忽视。生态企业被认为不注重美学，生态型项目因此背上了"设计差"的名声，同时又背负着传统设计必须达到"自然"而带来的沉重枷锁，甚至连中央公园等许多外形壮观、设计复杂的工程都被误认为是效仿自然的作品。生态运动采用了这一错误概念，盲目地强调项目外观自然，却没有认识到真正需要实现的是让项目自然地运行。对自然进程更准确的理解和对可持续开发更高的要求引起了许多优秀设计师对可持续开发的关注，并且开始在这个问题上下功夫。

水资源管理是最常见的问题，其解决措施多种多样。然而，正如在卡特里娜飓风中得到的教训——无论净化、再利用、水体蓄流还是恢复蓄水通道，人们总是不断寻求新的方法或手段来解决水文问题。

关于案例研究，还需要说明的一点是：本书对于每个选取的案例仅重点介绍其中可持续开发的方法中的特点，其中可能包括开发结构、新技术或城市一体化的新方法。案例可能包含其他环境特征，但这不是重点，而且这些案例的某些特征也会受到批判。比如，柏林光学中心（Berlin's Photonics Center）的建筑四周竟然采用非透水性的混凝土铺装，完全没有考虑到水在当地是极其敏感的环境因素。不过，本章的主要目的并不是评论项目的优劣，而是让人们注意到新型、创新和独具特色的方法，并为其他项目提供更好的环境解决方案。

本章根据各个案例的特征进行如下分类：水、能源、公共空间基础设施、可持续的郊区开发、街区范围内的可持续城市化、可持续的城市生活方式、棕地改造、方法与材料、工业生态学及合作关系。

## 案例研究

### 水

**赫曼·米勒工厂景观（Herman Miller Factory Landscape），坎顿市（Canton），乔治亚州（Georgia）**

**设计方：**迈克尔·范·沃肯伯格联合有限公司（Michael Van Valkenburgh Associates, Inc.）负责景观设计；麦可·斯考金·美林·埃兰建筑公司（Mack Scogin Merrill Elam Architects）负责建筑设计。

**项目重点：**作为生态系统的停车场地设计

赫曼·米勒家具制造和装配厂项目将89 031 m²的建筑场地进行分级，利用排水系统将场地径流从非渗透性地面导入人工湿地或草地中。为了管理30 658 m²的厂房以及51 395 m²的道路和停车场的地表径流，550个停车位被划分成三个排水区，旨在同时分散和削减暴雨径流的流量和峰值荷载。除了

正在建设的赫曼·米勒工厂鸟瞰图展示了停车场与湿地的结合，通过吸收地表径流和创建野生动物栖息地，停车场成了充满生机和活力的生态系统的一部分。© 迈克尔·范·沃肯伯格联合有限公司（Michael Van Valkenburgh Associates, Inc.）

在人工湿地种植禾本草本植物、非禾本草本植物和苔草，湿生灌木篱护栏的设计也有助于吸收雨水径流，净化雨水和渗透雨水。

该生态水文管理系统是该项目景观设计的基础。停车场被重塑为一个完整生态系统不可或缺的一部分，而非正常生态进程的阻碍：湿地与附近的停车带通过协同作用净化雨水，吸收雨水径流，防止水土流失，并扩大和保护了场地内的野生动物栖息地。将人工生态系统融入员工区的设计也为工人们营造出了更舒适的工作环境。

位于乔治亚州乡村的赫曼·米勒工厂占地面积为283 280 m²，需要修建40 469 m²的停车场地。但在商业规划中，该项目的工程预算并没有包含景观设计费用。迈克尔·范·沃肯伯格联合有限公司说服客户从工程预算中划拨一部分给场地分级规划和生态工程建设，将雨水管理融入工业景观中，使之成了一种创新型环境管理模式。

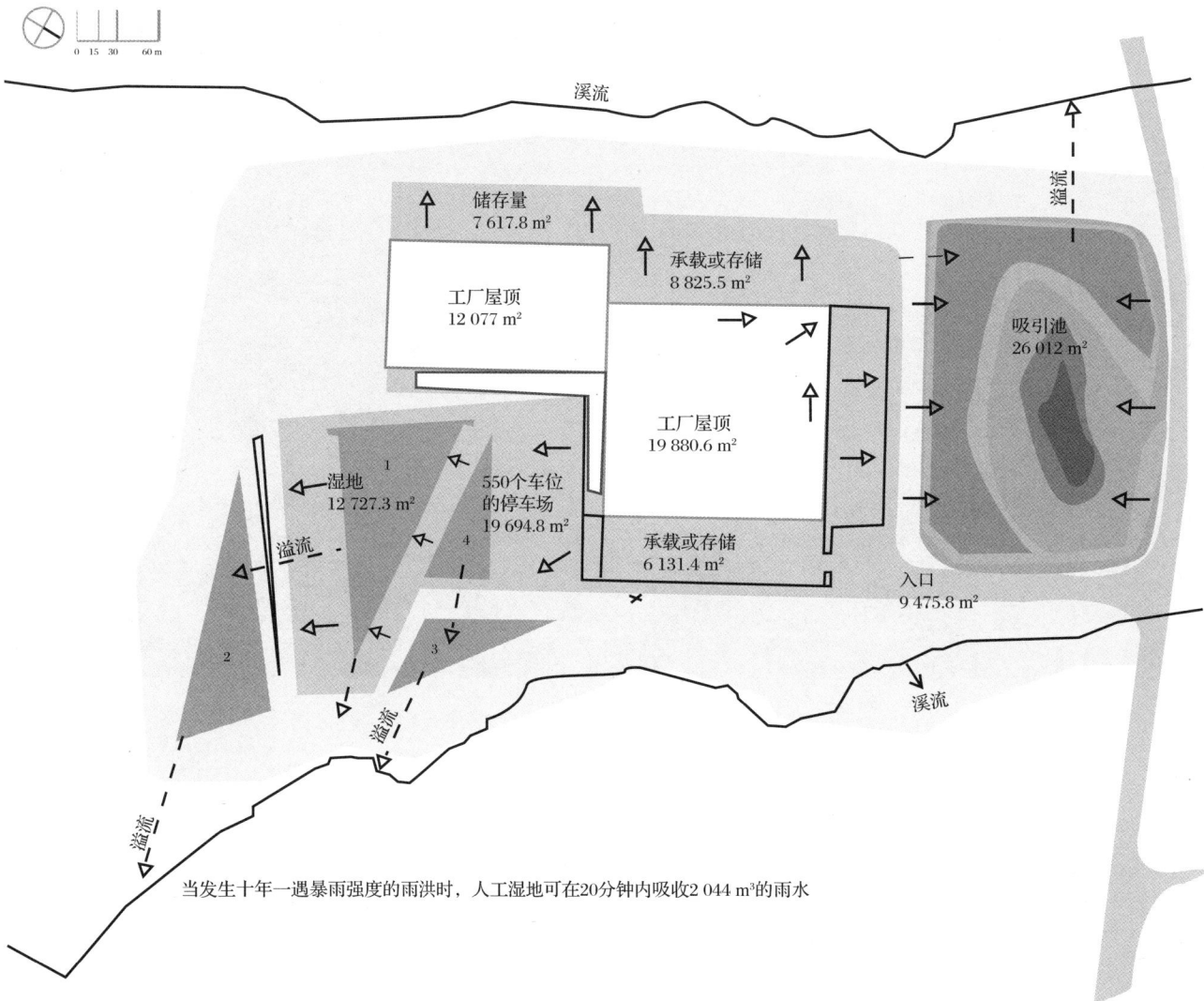

储存量
7 617.8 m²

工厂屋顶
12 077 m²

承载或存储
8 825.5 m²

吸引池
26 012 m²

工厂屋顶
19 880.6 m²

湿地
12 727.3 m²

550个车位
的停车场
19 694.8 m²

承载或存储
6 131.4 m²

入口
9 475.8 m²

溢流

溢流

溪流

溪流

溢流

当发生十年一遇暴雨强度的雨洪时，人工湿地可在20分钟内吸收2 044 m³的雨水

该雨水系统示意图绘制并计算出流入赫曼·米勒停车场湿地和吸收池的雨洪流量。© 迈克尔·范·沃肯伯格联合有限公司（Michael Van Valkenburgh Associates, Inc.）

将自然作用融入工厂景观和工业规模的停车场是一种生态友好型的雨水管理模式，适合许多城市和郊区的开发项目。

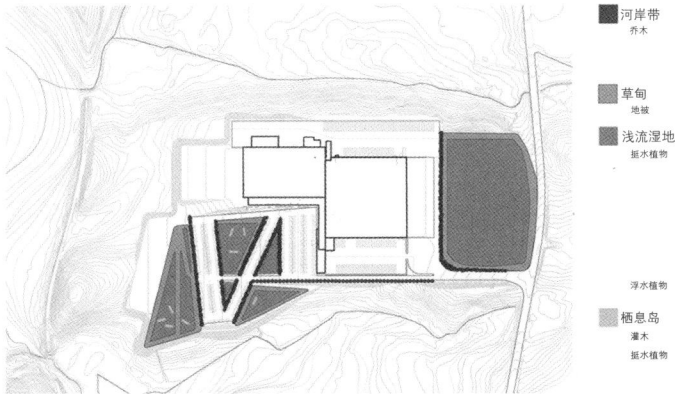

河岸带
乔木

草甸
地被

浅流湿地
挺水植物

浮水植物

栖息岛
灌木
挺水植物

赫曼·米勒工厂的550个停车位被划分成三个排水区。© 迈克尔·范·沃肯伯格联合有限公司（Michael Van Valkenburgh Associates, Inc.）

**惠特尼净水厂和公园（Whitney Water Purification Facility and Park），纽黑文市（New Haven），康涅狄格州（Connecticut）**

设计方：生物工程集团公司（Bioengineering Group, Inc.）负责场地水利工程和湿地工程；迈克尔·范·沃肯伯格联合有限公司（Michael Van Valkenburgh Associates, Inc.）负责景观设计；斯蒂文·霍尔建筑公司（Steven Holl Architects）负责建筑设计；CH2Mhill公司负责水治理过程并提供暖通空调工程。

项目重点：功能性景观

该项目的真正意义在于，它是位于康涅狄格州纽黑文市郊区一处飞地中心的基础设施，该飞地是一片住宅区，整个项目由专业的公司设计和完成。该项目已成为水处理项目的典范，也是一处具有教育意义的设施和公园。"9·11"事件促使内心恐慌的住户要求将其设计成为一处幽静的私人场地，不允许公众进入建筑内部，仅公园对外开放。

该项目的另一个亮点是场地水处理。净水厂选址于占地面积为56 656 m²的场地上。1798年，伊莱·惠特尼购买了这片土地，如今，原来的惠特尼谷仓（Whitney Barn）和殖民时期风格的房屋仍得以保留。该净水厂每天能够净化56 781 m³的水，其净化设备安装在景观公园的地下，操作系统则位于地面上一处长约110 m的不锈钢管状装置的内部。由大厅、实验室、报告厅以及操作设施组成。由88口井组成的地下水热泵系统提供了该净水厂的能源，它可以为建筑的供暖和制冷系统提供再生能源。

由生态工程集团公司设计的综合雨水管理系统是基于自然的水体循环过程所建立的一个雨水收集、传输和处理一体化的系统。该设计旨在减少径流流量，使径流尽可能下渗至水源处，同时保持水体与植被和土壤的联系，增加蒸散量，并对雨水中携带的营养物质和其他污染物进行生物净化处理。

公园的大部分地面被

汇聚在楼前湿地和处理池的植被洼地，能净化并存储场地内的雨水和中水。©戴安娜·巴尔莫里（Diana Balmori）

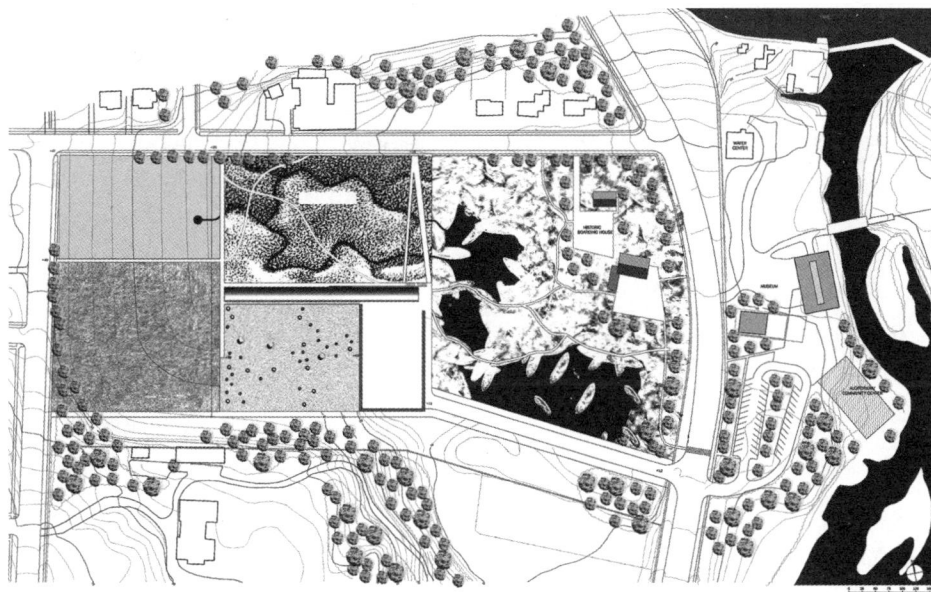

水净化过程的六个阶段是景观设计的基础，公园本身相当于一个自然过滤系统。© 2005 斯蒂文·霍尔建筑公司（2005 Steven Holl Architects）

高大的草本植物覆盖，它们的吸水能力要比草坪更强。绿色屋顶可减少70%的年径流量，其草地径流曲线长达12.7 cm。植草沟贯穿整个场地，汇聚成一个水流通道，引导水流通向湿地周围的雨水处理池。

从深基坑排出的水增加了河水流量。该场地流向密尔河的水质和水量相当于整个场地被森林覆盖时的情况。

该项目设计旨在对水这一宝贵的自然资源进行管理，水从深基坑被泵入生物滞留洼地，而不是像往常一样流入下水道。该项目中的冲洗废水也被直接导入景观排水系统，用于维护场地中的湿地栖息地。场地表面的雨洪没有通过管道排出场地，而是被存留下来作为洼地、湿地和池塘的水体补给。在生物滞留洼地种植当地的湿生草本植物，在雨水处理池周围的湿地则种植挺水湿生植物，并设置密集的滨水灌木缓冲区。雨

该场地创建了一系列全新的生物栖息地，并且具备雨洪管理能力。附近的公园还创建了对候鸟来说必不可少的优质的栖息地。© 2005 斯蒂文·霍尔建筑公司（2005 Steven Holl Architects），克里斯·麦克沃伊（Chris McVoy）

水处理池本身的设计旨在保护深处积水区的水质，为水中以蚊虫为食的鱼类创造生存条件，采用自然的方式进行虫害控制。雨水处理池被划分成许多区域，并种有多种植物。不仅如此，设计师还在边缘地区为水生微生物创建了大量的栖息地，美化了它们赖以生存的物理环境。上述所有设计元素都直观可见，使该场地成为一处有关水体管理的教科书式的景观。

## 西德威尔友谊中学（Sidwell Friends School），华盛顿特区（Washington, D. C.）

设计方：安卓波根联合事务所（Andropogon Associates, Ltd.）负责景观设计；自然系统国际公司（Natural Systems International）负责废水处理工程；布鲁斯·布鲁克斯联合公司（Bruce Brooks & Associates）负责机电工程；CVM工程公司（CVM Engineers）负责结构工程；VIKA有限公司（VIKA, Inc.）负责土木工程；基兰·丁伯莱克联合有限公司（Kieran Timberlake Associates, LLP）负责建筑设计。

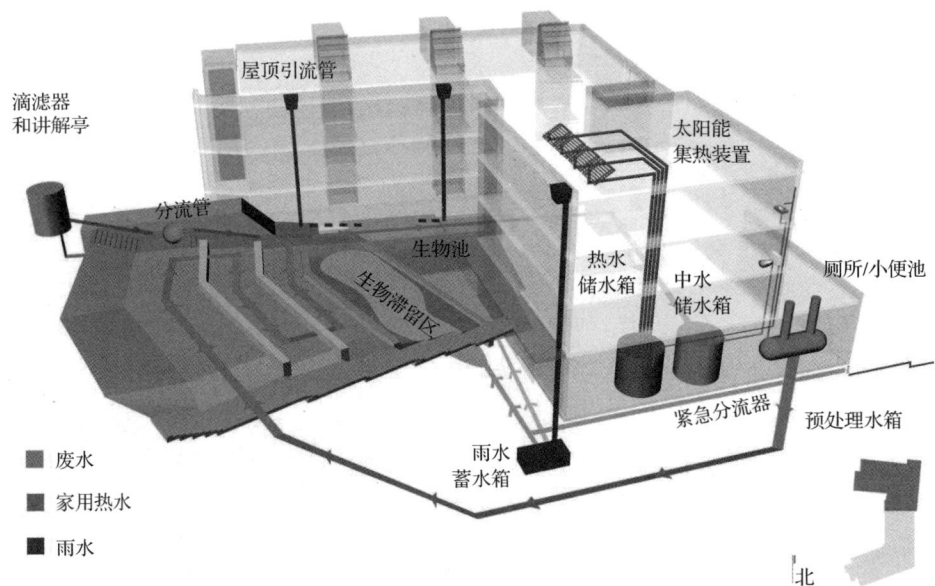

本图展示了西德威尔友谊中学建筑物和景观中的废水、生活热水以及雨水系统的流向和储存区域。© 2004 基兰·丁伯莱克联合有限公司（2004 Kieran Timberlake Associates, LLP）

这所拟建的中学校园兼具废水和雨水管理系统：池塘和雨水花园收集并储存雨水径流，而湿地会对建筑内部产生的废水进行处理。景观中的水处理系统的可见性，使其成为教学案例 ©安卓波根联合事务所（Andropogon Associates, Ltd.）与基兰·丁伯莱克联合有限公司（Kieran Timberlake Associates，LLP）

1-现有的中学；
2-扩建的中学；
3-具有讲解和显示功能的滴滤器；
4-污水处理湿地；
5-雨水花园；
6-池塘

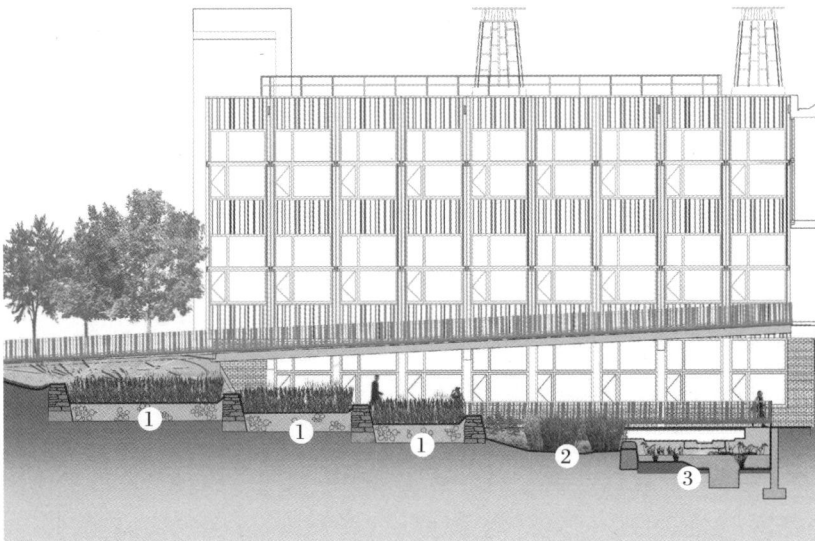

1-污水处理湿地；
2-雨水花园；
3-池塘

该项目整体具有美感，但废水和雨水处理系统的水流不汇合。© 安卓波根联合事务所（Andropogon Associates, Ltd.）

**设计重点：教科书般的学校场地废水处理设计**

学校管理者希望在对位于华盛顿特区的校园进行设施翻新和扩建的同时，校园的建筑和景观的水处理系统在校园里可一目了然，从而使这些设计成为教学案例。为此，安卓波根联合事务所的景观设计包含了一个雨水花园、一个现场废水处理系统（类似于生物活机的水处理系统）、一个绿色屋顶、太阳能电池板和本土植物。

基于湿地的水处理系统可以净化建筑产生的污水。污水先在一处地下水箱中经过初级处理，然后在层阶式芦苇床中循环净化。处理后的水通过滴流式过滤器和沙滤器后被用于建筑内部的厕所冲水。因此，这套系统可以当作一个科学项目的案例。

此外，雨水径流也被引入雨水花园和池塘。屋顶径流储存在一处地下储水池中，这使得池塘可以在旱季保持一定的水量。雨水花园中的雨水渐渐蓄积，然后慢慢下渗到地表之中。在此过程中，水质得到了净化。

植被种植反映了植物群落中土壤的湿度梯度：挺水植物、草甸上的湿生植物和边界处的陆生植物。

**弗吉尼亚大学牧场溪流域修复（Meadow Creek Watershed Restoration at the University of Virginia），夏洛茨维尔市（Charlottesville），弗吉尼亚州（Virginia）**

设计方：朱迪思·尼奇工程公司（Judith Nitsch Engineering, Inc.）和PHR&A工程公司（PHR&A Engineering, Inc.）负责工程设计；纳尔逊·伯德·沃尔茨景观设计公司（Nelson Byrd Woltz Landscape Architects）负责景观设计；生物生境公司（Biohabitats, Inc.）负责水文工程。

**设计重点：基于雨洪管理的校园开发和溪流恢复**

在弗吉尼亚大学西侧校园的发展新规划中，雨水管理及其对穿过场地溪流（梅多溪）的影响成了实施新规划的关键。

梅多溪是一条退化的河流，所以方案需要解决其修复问题，并为其3.44 km²的汇水区提供管理方案，而不只是关注单独的项目及其作为个体的影响。

设计师对牧场溪区雨洪管理规划中三个雨洪削减区之一的"戴尔区"进行了详细介绍（其他两个区域为埃米特街的车库和多功能舞台）。

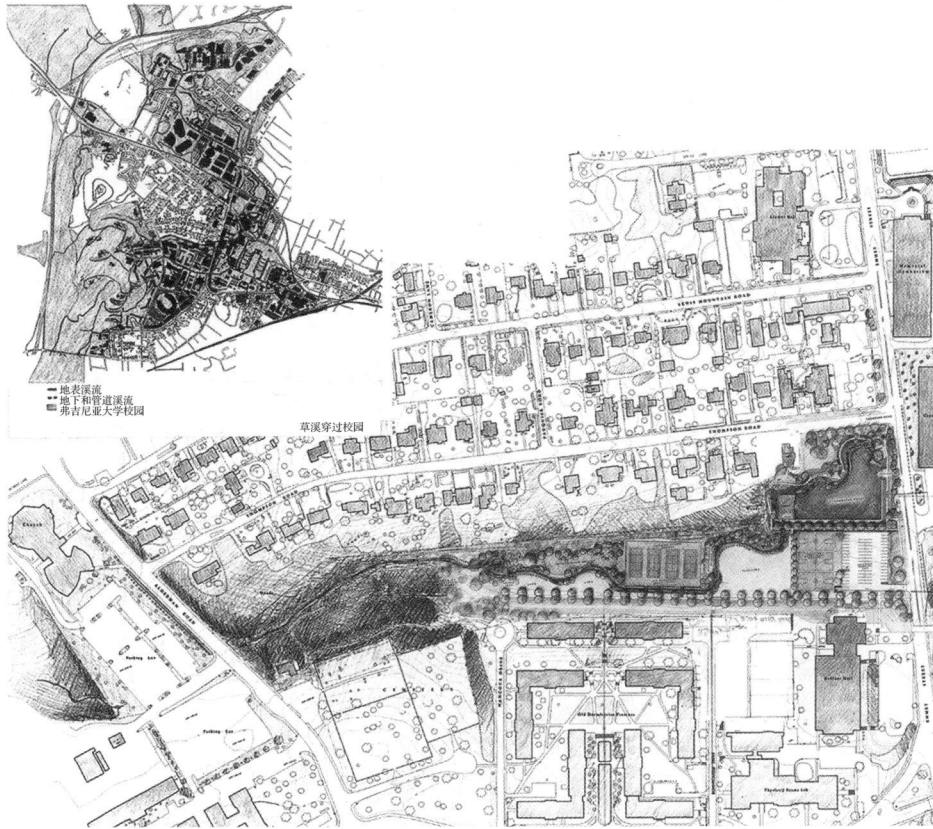

平面图展示了夏洛茨维尔市（Charlottesville）弗吉尼亚大学牧场溪流域的修复规划，其中包括约366 m长的管道式溪流的改造、新建湿地以及一个雨水汇集池。© 2003 纳尔逊·伯德·沃尔茨景观设计公司（2003 Nelson Byrd Woltz Landscape Architects）

重新修复的牧草溪流向瀑布，再汇入沉积前池进行沉淀。石墙中的水坝控制水流从前池流入池塘，池塘中的生物过滤岛和植物过滤器吸收水中的养分及污染物。© 2005 纳尔逊·伯德·沃尔茨景观设计公司（2005 Nelson Byrd Woltz Landscape Architects）

　　戴尔区规划包括335 m长的线性河岸、湿地和一处可作为景观的新建池塘；池塘外围设有一个沉积区，并建有生物过滤岛和植被过滤区。这些设施都有助于溪流景观及水质的修复，同时也对弗吉尼亚大学牧场流域的所有建设项目起到雨洪削减的作用，满足区域雨水管理计划的要求。

　　以下是对另外两个区域性雨洪削减场地的简要介绍：

· 多功能舞台：这个拥有15 000个座位的舞台是弗吉尼亚大学在牧场溪流域内建设的另一个新项目。它是整体管理计划的一部分，而不只是一个个体项目。修复溪流河岸或泄洪通道、新建湿地和池塘、建造生物过滤岛和植被过滤器，这些内容共同组成了解决方案。

· 埃米特街的车库：这个能够容纳1 200辆机动车的车库是牧场溪流域的第三个减缓场地，除了对河岸或泄洪通道进行重新规划外，其他方面都遵循区域规划。

　　这里介绍的开发项目虽然都有其独立的解决方案，但同时也被纳入了整体规划之中。

俄勒冈科学及工业博物馆（OMSI）的生态植草沟能够过滤场地中的悬浮物、污染物和雨水，同时与停车场和附近的河岸空间相连，增加了美感。
© 斯科特·摩瑞斯（Scott Murase）

### 俄勒冈科学及工业博物馆[Oregon Museum of Science and Industry(OMSI)]，波特兰市（Portland），俄勒冈州（Oregon）

　　**设计方**：村濑联合事务所（Murase Associates）负责景观设计；齐墨·甘素·弗拉斯卡合伙人公司（Zimmer Gunsul Frasca Partnership）负责建筑设计；波特兰市环境服务局（Portland Bureau of Environmental Services）负责项目支持。

　　**设计重点**：停车场雨洪管理

　　俄勒冈科学和工业博物馆（OMSI）自定义为俄勒冈州波特兰市一个非营利性教育与娱乐中心。其前身为科技园区，在对荒废场地进行清理后，这一河滨区域重新焕发了活力。停车场区的生态植草沟是波特兰市首个大型现场雨洪处理下渗工程。

　　停车场面积为24 281 m²，在其中16 187 m²的场地上收集的雨水径流汇入10个不同的生态植草沟中，溢流则排入雨水渠，流向通往威拉米特河（Willamette River）的排污口。在设置这些植草沟之前，超过14 781 m³的雨水径流未经处理直接流入河里。该系统设计的主要目的是过滤污染物，植草沟同样也具有很好的渗透功能（每小时下渗20.32 cm）。

在审议俄勒冈科学及工业博物馆（OMSI）重建计划时，波特兰市环境保护局（BES）提出让俄勒冈科学及工业博物馆（OMSI）重新自主设计停车场和景观，以处理雨水径流中的污染物（尽管当时没有相关规定）。俄勒冈科学及工业博物馆（OMSI）对此表示同意。

设计师共设计和建造了10条植草沟，每条宽度为1.8 m，长度从30.48 m~76.2 m不等。每隔15.24 m安装一个木制拦沙坝以减缓流速，同时促进下渗。最后，每间隔9.14 m设置一个30.48 cm宽的路边缺口，使水能够从停车场地面流入植草沟。

有了生态植草沟，就无须再设置雨水管道、沉沙井和汇水槽。虽然产生了额外的设计费用，但却节省了建造成本。该系统也成了采用生态过滤技术进行城市废水管理的典范。

这个建于多年前的项目已经随着时间推移在现实中得到了检验和完善，因此我们可以从该项目中总结出一些经验。提出的修改建议如下：

· 由于沉积物的堆积阻挡了雨水径流汇入植草沟，停车场表面的水流无法从路边缺口流入植草沟。

· 将路边缺口中心间距从9.14 m增加到3.048 m，从而提高植草沟的功能。这个微小的变化能够防止植草沟径流短流。

· 由于植草沟尺寸较大，原来规划中的出水高度为30.48 cm，主要用来应对暴雨径流峰值流量，但没有必要设计为该高度。

· 横穿停车场、铺装表面粗大的涂漆木条可以有效地将径流引入路边缺口。

· 分层铺装区域有助于垂直径流汇入路边缺口，因此这是最有效的设计。

小规模的停车位可以为俄勒冈科学及工业博物馆（OMSI）节省空间，设计建造约1 300 m²的生态植草沟，可以收集能够容纳800辆机动车的停车场上的雨水径流。© 斯科特·摩瑞斯（Scott Murase）

在水流向下汇入湿地和地下储水井的过程中，植被对其进行净化处理。© 朱迪思·尼奇工程公司（Judith Nitsch Engineering, Inc.）

**麻省理工学院斯塔塔夫妇中心[Ray and Maria Stata Center at Massachusetts Institute of Technology (MIT)]，剑桥市（Cambridge），马萨诸塞州（Massachusetts）**

设计方：弗兰克·盖里合伙人有限公司（Frank Gehry Partners, LLP）负责建筑设计；坤龙建筑设计公司（Cannon Design）负责助理建筑设计；欧林合作事务所（Olin Partnership）负责景观设计；朱迪思·尼奇工程公司（Judith Nitsch Engineering, Inc.）负责工程设计；R.G.范德维尔工程公司（R. G. Vanderweil Engineers, Inc.）负责机电工程；约翰·A.马丁联合公司（John A. Martin & Associates, Inc.）负责结构工程。

**设计重点：** 都市校园中的雨水收集

由弗兰克·盖里（Frank Gehry）设计的占地66 240 m²的计算机、信息与智能科学大楼包括主楼和两层地下停车场。麻省理工学院坐落于土地紧张的城市，而该项目成功开发了几个可持续发展的场地系统和雨水管理系统。景观设计方（欧林合作事务所）将该场地设计为一个模拟冰河时期的冰丘和冰水沉积地貌特征的新英格兰式景观。朱迪思·尼奇工程公司完成该工程的设计后，该景观开始发挥其特殊的水文功能。

绿色设计元素包括：利用地形储存雨水径流，建造湿地以改善雨水质量，收集雨水作为冲厕用水，搭建太阳能水泵用于提升雨水水质以及灌溉湿地，并将这些绿色的、可持续的景观元素全部融入该项目中。

**翡翠广场购物中心（Emerald Square Mall），北阿特尔伯勒市（North Attleboro），马萨诸塞州（Massachusetts）**

设计方：萨姆纳·史肯建筑工程公司（Sumner Schein Architects & Engineers, Inc.）负责建筑设计；安德逊·尼克尔斯有限公司（Anderson-Nichols, Inc.）负责工程设计；IEP有限公司（IEP, Inc.）负责工程咨询；GZA地理环境技术公司（GZA GeoEnvironmental Technologies, Inc.）负责工程咨询；新英格兰开发公司（New England Development, Inc.）为开发商。

**设计重点：** 为修建在水库上游的区域性购物中心供水

该项目位于罗得岛州的普罗维登斯（Providence, Rhode Island）北部，是

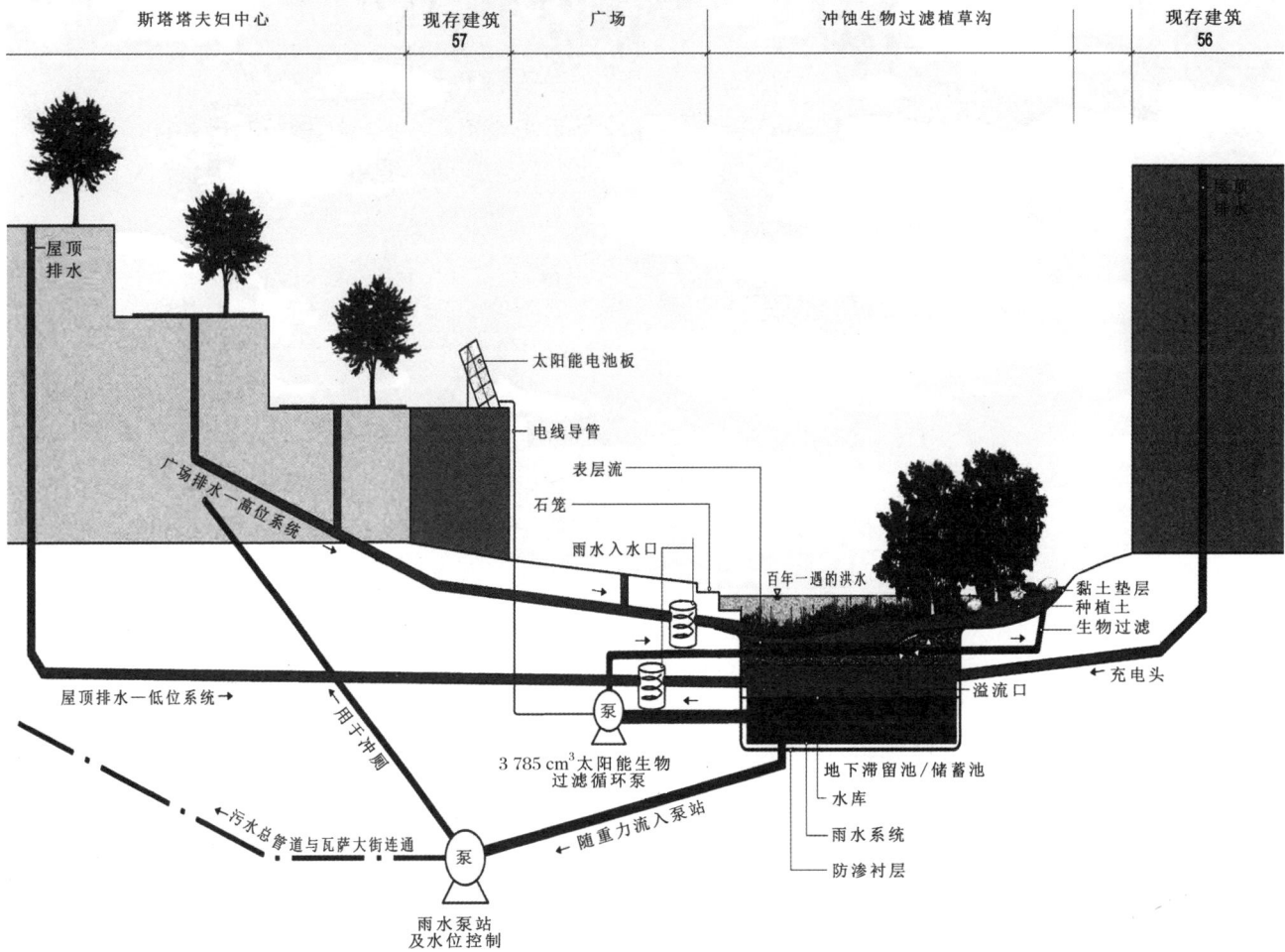

| 斯塔塔夫妇中心 | 现存建筑 57 | 广场 | 冲蚀生物过滤植草沟 | 现存建筑 56 |

屋顶排水

太阳能电池板

电线导管

表层流

石笼

雨水入水口

广场排水—高位系统

百年一遇的洪水

黏土垫层
种植土
生物过滤

屋顶排水—低位系统→

用于冲厕

充电头

3 785 cm³太阳能生物过滤循环泵

溢流口

泵

地下滞留池/储蓄池

水库

雨水系统

防渗衬层

污水总管道与瓦萨大街连通

随重力流入泵站

泵

雨水泵站及水位控制

**斯塔塔（Stata）夫妇中心雨水管理方案剖面图**

雨洪系统示意图展示了水是如何被收集、生态过滤、存储并重新用于冲厕的。水凭借自身重力及太阳能驱动泵来流动。© 朱迪思·尼奇工程公司（Judith Nitsch Engineering, Inc.）

两条洲际公路的交会处，堪称区域性购物中心的黄金地段。但问题是该区域位于七英里河（Sevenmile River）流域，并且在为北阿特尔伯勒城市居民提供饮用水的水库支流上。购物中心的大面积非渗透性停车场铺装对水质和水流会产生较大的负面影响。因此，开发商如果想要建设占地面积为92 903 m² 的商场，必须出具对七英里河水质无不良影响的证明。

1991年，开发商聘请IEP有限公司设计了一个处理和净化商场屋顶及停车场雨水径流的系统。工程师首先为场地构建了详细的水文模型。考虑到场地的地形特征和占地面积，242 811 m²的场地被划分为两个子流域，水分别流入两个处理系统。两个处理系统都以沉淀池为起点，当发生重现期为一年的暴雨时，沉淀池可以将全部雨水滞留24小时。该系统的设计旨在当积水容量达到25%时，能立即疏浚池塘以恢复储存能力，但目前为止，此类情况尚未发生。该系统将有助于保护下游建成的湿地，避免淤积。

水从每个沉淀池或滞留池中流出后经过人工湿地，这些湿地相当于一系列小型汇水区，可以最大限度地增加径流的滞留时间，提高水质处理效率。每个湿地的总面积约为4 047 m²。该设计为标准设计，挖入式汇水池与有机土覆盖的不透水层同排设置。即使湿地在一年中的大部分时间里都是干的，它们也可以像自由水层系统一样运作。最初种植了30 000株树木，自然植物群落的转换没有带来不良的环境影响，而且几乎不需要进行人工养护；另一个益处是可以将湿地与外界隔绝，一旦发生油罐车翻车等灾难性泄漏事件造成水体污染，它可以阻断被污染的水体流入。

除了这些结构性措施，一些最佳管理实践（BMPs）措施也得到了应用，其中包括每周清扫停车场区，以去除污染灰尘和干性沉降物；经常清洗汇水池以维持其汇水能力；使用钙基路盐避免过多的钠流入水库。另外，还在汇水池设置了吸收油和油脂的装置，以减少池塘和湿地处理污染物的负荷。

湿地需要在该中心建成的前两年就开始运作，以达到自然平衡的状态，同时也便于该系统在购物中心的建设阶段发挥作用。

需要对从湿地流出的污水水质进行频繁监测。该处理系统取得了巨大成功，固体悬浮物、营养物、油和油脂、金属和有机物质的平均浓度远低于美国国家污染物排放削减（NPDES）许可证制度的标准。处理系统的排水区恰好位于临近公路的出口坡道，而该区域并不在购物中心的地产范围之内。由于湿地对该处控制范围以外的非点源径流进行了净化处理，改变了原本直接流入七英里河的径流水质，因此在商场建成之后，河水的水质会得到实质性的改善。

凭借高度的环境敏感度以及与监管机构的通力合作，再加上设计师的精心设计，黄金地段修建区域性购物商场这一原本希望渺茫的计划得以实现。

## 能源

**巴特菲尔德卢顿商业园（Butterfield Luton Commercial Park），巴特菲尔德（Butterfield），英格兰（England）**

设计方：英国阿特里亚·坦公司（Atelier Ten, UK）负责环境咨询；汉密尔顿联合事务所（Hamilton Associates）负责建筑设计；BEA景观设计公司（BEA Landscape Design）负责景观设计。

设计重点：用于制冷和供暖的地埋管道

该项目位于英国巴特菲尔德，因其使用地埋管道的特殊制冷系统而被本章收录。因场地面积较大，故设计必须达到低能耗的要求。该项目坐落于英格兰卢顿市东北部一片未开发的地区。伊斯特集团（Easter Group）计划在这片场地上建设一个总面积超过92 903 m²的科技商业园。场地总体规划主要包括位于开发项目核心位置的办公室、实验室和初创的小型技术公司，户型面积为186 m²～465 m²。该项目涉及范围广，针对建筑物的个体解决方案很难实施，因此需要一个整体的解决方案。

巴特菲尔德商业区中的建筑拥有新型被动式加热和冷却通风系统。该系统使用地埋管道，可以减少75%的能耗，同时实现对空气温度的调节。巴特菲尔德地埋管道的进气口高于地面，且与周围景观十分协调。此外，设计师还采用80 m长的地下混凝土管道或地埋管道，将新鲜的空气送入建筑物内部。

新鲜空气被吸入地埋管道，与地热物质接触后进行预热和冷却。然后，受压地板向地埋管道上方的工作间输送空气。© 阿特里亚·坦英国公司（Atelier Ten UK）

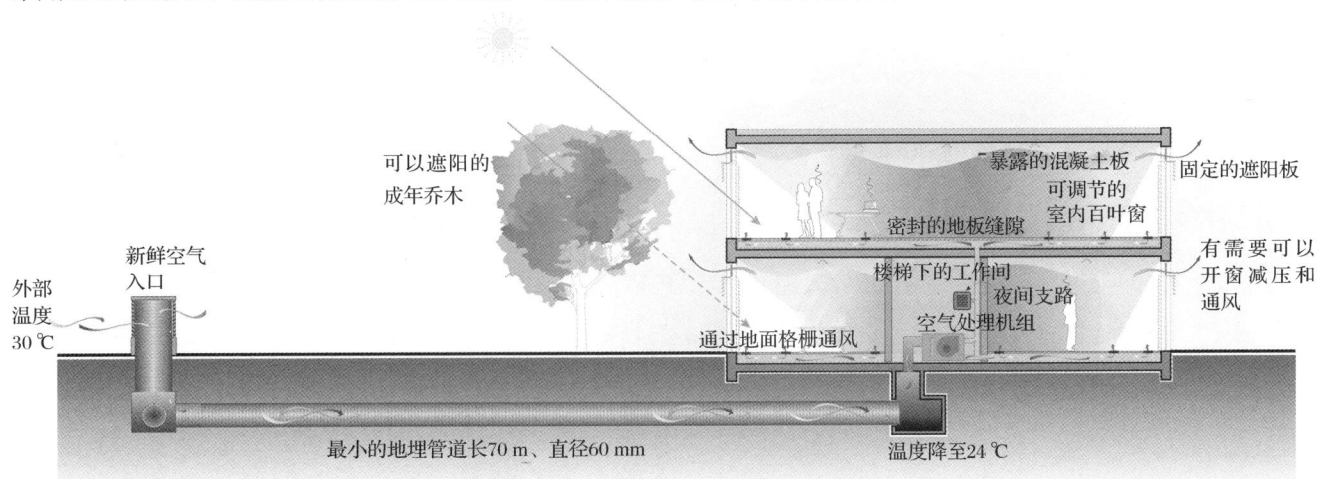

外部温度30℃　新鲜空气入口　可以遮阳的成年乔木　暴露的混凝土板　固定的遮阳板　可调节的室内百叶窗　密封的地板缝隙　有需要可以开窗减压和通风　通过地面格栅通风　楼梯下的工作间　夜间支路　空气处理机组　最小的地埋管道长70 m、直径60 mm　温度降至24℃

地埋管道使进入其中的空气与地热物质充分接触，由此实现了"免费"的冬季预热和夏季制冷，调节了建筑物内部的温度。夏季，进入建筑物的空气被冷却。冬季，进入建筑物的寒冷空气先经预热，再利用锅炉上小型加热板进行加热。即使在极寒天气，气温也能达到室内温度要求。

设计师还设计了一个包括植草沟和平衡池在内的完整综合排水系统，可以管理地表雨水径流，降低洪峰流量，减少洪灾发生的风险；同时还自成一处具有吸引力的景观，为野生动物创造了自然栖息地区域。

巴特菲尔德的设计理念是使周围现有的成熟灌木丛与区域边界的林地栖息地和谐共存，林地栖息地中生存着特定的野生动物。设计有利于野花草地和植草区域上植物的生长，在靠近建筑物的区域，设计师则选择具有观赏性的植物。

环境工程师帕特里克·毕楼（Patrick Bellow）是英国阿特里亚·坦公司（Atelier Ten, UK）的负责人。他将地埋管道与非洲白蚁山（见插图）和意

白蚁堆利用地球的自然趋势将热气推出堆核，使其在白天保持凉爽。© 左图：阿特里亚·坦英国公司（Atelier Ten UK）；右图：2006，谢利·格兰特（2006 Shirley Grant）

大利帕拉第奥风格的别墅（二者皆为自然景观改造的典范）相比较，后者也采用了相似的地冷方式。

**荷兰瓦赫宁根市林业和自然研究所**〔Institute for Forestry and Nature Research ("Alterra") in Wageningen, the Netherlands〕

**设计方：**科佩今·乌德勒支（Copijn Utrecht）负责景观设计；阿龙森·V.O.F.（Aronsohn V.O.F.）负责结构工程；德恩斯·R.I.（Deerns R.I.）负责机械工程；贝尼奇建筑事务所（Behnisch & Behnisch, Architects）负责建筑设计。

**设计重点：**将温室作为项目中的小气候创造者

林业和自然研究所（现名为"绿色世界研究所"）新办公楼的场地设计和规划方案通过荷兰国家建设部组织的方案征集竞赛选出，本章所介绍的设计方案脱颖而出。

项目的场地原址为一处含肥量过高的玉米地，不符合该项目生态设计的要求。因此，设计师对玉米地进行了处理，使其在几年的时间内实现自我修复。

建筑物的造型如大写字母 E，在三处形如"手指"的办公区域之间矗立着两座玻璃房。玻璃房是气候概念的核心要素，它利用植被变成一个热量缓冲区和遮阳区，有助于改善小气候。从建筑物正面吸收的热量汇集在玻璃房内。温室花园的通风好，能够平衡室内外的温差。在冬季，玻璃房通过吸收照射的阳光使房间迅速升温，将其变成舒适的空间。在夏季，它可以通过增加池塘水和植物叶片中水分的蒸发来降低室内温度。

夏季，阳光使池塘水的蒸散量增加，可以保持房间内的凉爽。玻璃房内的空气有助于减小室内外的温差。© 克里斯蒂安·坎德吉亚教授（Professor Christian Kandzia）

冬季，玻璃房吸收反射的阳光，使房间的温度迅速升高。© 克里斯蒂安·坎德吉亚教授（Professor Christian Kandzia）

相较于之前过度施肥的玉米地而言，现在的场地更像是一处自然式的田园景观。© 克里斯蒂安·坎德吉亚教授（Professor Christian Kandzia）

除了少数的特殊区域外，建筑场地中没有使用空调。通过巧妙的自然气候设计，利用玻璃房作为建筑内部与外部空间的气候缓冲区，营造出了一个舒适怡人的环境。

玻璃房既是一种保护性设计，同时也可以为建筑的使用者创造优美的内部空间环境。但是，水管理没有包含在设计范围之内，场地的外部环境（即之前的玉米地）也不在设计考虑范围之内。设计师没有选择种植一些有利于土壤恢复的植被，将其从一片土壤富营养化严重的土地变成一处有利于植物生长的栖息地。

## 公共空间基础设施

**草原水道（Prairie Waterway），法明顿镇（Farmington），明尼苏达州（Minnesota）**

**设计方**：罗德尼·哈迪和西耶娜开发公司（Rodney Hardy, Sienna Development Corporation）为开发商；巴尔莫里联合设计事务所（Balmori Associates, Inc.）负责景观与环境设计；水文学家保罗·巴滕，来自耶鲁大学森林与环境学院（Paul Barten, Yale School of Forestry and Environmental Studies）；格伦·库克、伯尼斯托、罗斯尼、安德烈科联合公司（Glenn Cook, Bonestroo, Rosene, Anderlik & Associates, Inc.）负责工程和建筑设计；威廉·莫里斯，来自美国城市景观设计中心（William Morrish, Design Center for American Urban Landscape），担任顾问；李·斯密克，担任明尼苏达州法明顿镇规划师（Lee Smick, City Planner for Farmington, Minnesota）。

**设计重点**：作为公共园区的水体基础设施

位于明尼阿波利斯市的西耶娜开发公司（Sienna Development Corporation of Minneapolis）在该处开发建设了486套住房，而明尼苏达州法明顿镇的水

道设计是在该住宅项目的开发期间完成的。项目的
初衷是尝试采用优于标准排水系统的新方法。法明
顿镇水道的设计与常见的地下直线式管道排水系统
有所不同。在那两年的时间里的峰值暴雨检验证实
了该项目可以作为一个排水项目顺利运作。1998年
和2001年，密西西比河的最高水位超过了洪水水位
线，并且漫滩平原一年之中有三个月都处于被淹没
的状态。更重要的是，该项目创造性地将排水解决
方案融入公共空间（公园）的设计中。

水道收集来自一个占地面积大的新
的开发项目、两个位置更靠南部的
早前开发项目以及一处农田。© 博
德纳航拍公司（Bordner Aerials）

法明顿镇是一个农业小镇，位于明尼阿波利斯
市西北部约 40 km 处，与城区相邻，这里对住房的需求巨大。

西耶娜开发公司的总经理罗德·哈迪提出要在初期建成近 170 套住房，
在 10 ~ 15 年的时间里，共建 500 套住房。1993 年，密西西比河发生了 20 年
来最严重的洪水。几个月后，明尼苏达州立大学美国城市景观中心主任威
廉·莫里斯向市政厅提议：请巴尔莫里联合设计事务所为法明顿镇开发项目
设计一个特殊的排水系统，不过该提议在当时并没有得到市政府的批准。开
发商的最初方案为标准设计，将增加的径流导入一条管道，然后流入附近的
弗米利恩河，最终汇入距离法明顿约 32 km 的密西西比河。

法明顿镇将设计一个新型排水系统，并将其作为申请开发规划的先决条
件。城市规划师李·斯密克在漫长的审批过程中一直遵循草原水道和公园的
理念；主要由当地农民组成的镇管委会之中没有人提出反对，只是他们对于
购买土地用于建设水道系统表示出了一定程度的担忧。购买土地的资金来源
于城市房屋出售后的税收收入（税收增量融资）。法明顿镇设立的此项税收
的征收对象为开发商，旨在为必要的环境设施建设提供资金；但另一方面，
法明顿镇也需要购买额外的土地，用于打通雨水流向弗米利恩河的通道。

设计公司出于对减少雨水径流的考虑，修改了开发商最初的规划布局，
使街道变窄，车道缩短，并在每个街区的中心设置洼地，以收集屋顶和停车
场汇集至此的雨水。这些街区中心位置的洼地都种植了密集的树木（如红
枫），这些树木的根部可以在水中浸泡长达几个月仍然存活。它们可以通过
树叶的蒸腾作用（蒸散量）来消耗洼地中的水分。

事实证明，种植树木是该项目中最棘手的工作。因此，无论是开发商还

是城市本身，都无法提供足够的资金在所有街区的中心地段种满树木。因此，为了节约预算，这个新型水道系统中增设的公共绿地空间仅种植了少量的树木。除此之外，它还包括无法改变现有房屋和场地布局的问题。

法明顿镇的草原水道由三个独立的水体系统构成：

· 植草沟系统用来处理紧邻公园广场西侧新开发住宅区所产生的雨水径流。

· 池塘和管道系统可以在水体汇入弗米利恩河之前转移和净化大面积的积水。

· 类型一（定期淹没）和类型二（苔草地）的湿地可补充在开发过程中减少的湿地，同时为溢出地表的地下水提供临时存储场地。

法明顿镇公园广场南侧的两个住宅开发项目——罗克堡和亨德逊，也可以从该排水系统中受益。这两个新开发的项目都存在排水方面的问题：每年春季，房屋地下室都会被雨水淹没。雨水从公园广场南侧汇入池塘，从管道流入池塘的水流速度减缓，水体在流经植被群落的过程中得到净化。当地土壤良好的导水性使地下水在暴雨时迅速上升、在暴雨后迅速下降。在这种情况下，宽度为24 m~34 m不等的管道有助于降低水道中的水流速度，并缓解水体对水道的冲刷。而被植被覆盖的拓宽后的河床能够通过截获微粒物质保持水体营养。

最后，住宅自身产生的雨水径流汇入社区东侧的植草沟。这些宽阔的植草沟高于地下水位，暴雨之后的短时间内会被雨水淹没。水体经过草地缓慢向南流动，在其消退或随潜流一起向北汇入弗米利恩河之前得到净化，从而延长了回流水体的停留时间和水体进入管道之前的处理时间。在基流期间，上升水面淹没了架台的一侧；而植草沟被道路径流和暂时升高的地下水淹没。水面依旧低于公园休闲栈道和高地的边缘。此外，雨水并没有漫过陆地进入缓冲湿地。

只有百年一遇的暴雨才会破坏湿地和管道之间的护坡道。即使发生这种情况，这个护坡道的高度也能够保证将植草沟和管道分离。1998年9月15日，排水系统刚建成时，当地遭遇了百年一遇的暴雨。排水系统如预期一样运行。当护堤决口后，缓冲湿地储存了大量的雨水。

法明顿镇的住宅开发项目于1990年开始施工，当时计划在三个五年内完成。结果，486套住房在2000年的秋季完工，并在竣工时全部销售一空。住户们十分满意，因为他们不再担心洪水会淹没他们的家园，并且他们还可以走进公园，欣赏公园的美景。孩子们在池塘和小溪里玩耍；垂钓者能够钓到鲈鱼；一家人可以在水边野餐；慢跑者和骑行者在道路和绿地上经常会见到斑鹿、啄木鸟、花栗鼠和

水道与步行道同行。© 博德纳航拍公司（Bordner Aerials）

其他野生动物。因此，居民们将该项目重新命名为"公园广场"。

### 哈莱姆区河岸州立公园（Riverbank State Park in Harlem），纽约市（New York），纽约州（New York）

**设计方：** 恩德克国际开发公司（Endeco International）负责项目开发；亚伯·拜恩森·巴兹有限责任公司（Abel Bainnson Butz, LLC）负责景观设计；理查德·达特纳及其合伙人建筑事务所（Richard Dattner & Partners Architects）负责建筑设计。

**设计重点：** 作为公共空间的基础设施建设

哈德逊河上的一座超大型污水处理厂被改造成了一处新的公园。污水处理厂的庞大建筑物在几十年前就占据了附近街区的绿色空间。这座新建公园占地面积为 113 300 m²，它是邻里社区接受将污水处理厂建于此处的原因之一。这就需要在公园两侧的第 138 号大街和第 145 号大街之间架设横跨亨利·哈德逊公园大道的人行天桥，为行人提供从社区进入公园的通道，并且工厂内部散发出的难闻气味需要进行进一步的治理和控制。

尽管存在这些缺点，但这座公园设施齐全，其中包括一个 50 m 长的奥运会标准室内游泳池（这种标准的泳池在纽约市并不常见）、一个溜冰场（夏季可以作为轮滑场地）、一条铺设在足球场四周的跑道、四个篮球场、四个手球场、一个圆形剧场、一个 25 m 长的室外游泳池、橄榄球场和足球场、一座旋转木马、网球场以及包括游泳、艺术、芭蕾舞、空手道和滑冰等儿童项目的场地。

哈德逊河污水处理厂的屋顶被改造成为一处设施齐全的城市公园，向哈莱姆区的居民重新开放滨水空间。© 2003 绘图有限公司（2003 Getmapping Plc.）

该项目庞大的占地规模和可观的投入预算，使其拥有资本充分利用公共空间实现各种不同的功能。虽然该项目在公共空间建设上并不常见，但正如前文中的案例所介绍的：明尼苏达州法明顿镇的排水项目在新开发的住宅区中建造了一处公园，并且成了一个很有价值的设计。因此，这是一种提高项目可持续性的方法。

但在哈莱姆区的项目中，污水处理厂是否有助于哈德逊河的净化仍存在争议。尽管这不是一种新型的或可持续的污水处理方式，但总好过直接向河中倾倒污水。

美国环境保护署（EPA）为污水处理厂的建设及与之相关的"美化行动"提供了资金支持。一般来说，美化行动不仅仅局限于表面功夫，还要采用一种与周边社区外观协调的材料。这种可持续的全新设计有效利用了此类基础设施场地，使之成为打造新型城市公园的基础。

## 可持续的郊区开发

### 宾夕法尼亚州绿色增长计划（Pennsylvania Growing Greener Program）
**设计方**：自然土地信托公司（The Natural Lands Trust）；宾夕法尼亚州保护与自然资源部（Pennsylvania Department of Conservation and Natural Resources）；宾夕法尼亚州合作推广服务中心（Pennsylvania State Cooperative Extension Service）。

**设计重点**：保护设计与集群管理

宾夕法尼亚州的保护设计旨在提出不同的分区方法，从而实现比传统集群管理更好的可持续性开发。该设计已被宾夕法尼亚州的多个社区采用，保护设计准则最重要的一点是在每次进行项目开发时，行政部门能够增加相互连接的园林路的土地面积。本书虽然没有详细描述集群开发与保护设计之间的差异，但介绍了不同的分区方法和细分规范。总之，保护设计要求绿色公共空间在项目开发中占有更大的比例，并尝试将这些绿色公共空间与附近其他的绿地相连。保护设计准则制定了相关项目的开发规则，要求新建绿道比集群开发更具有可持续性。与保护设计相比，集群开发仅能保护缓冲区和防

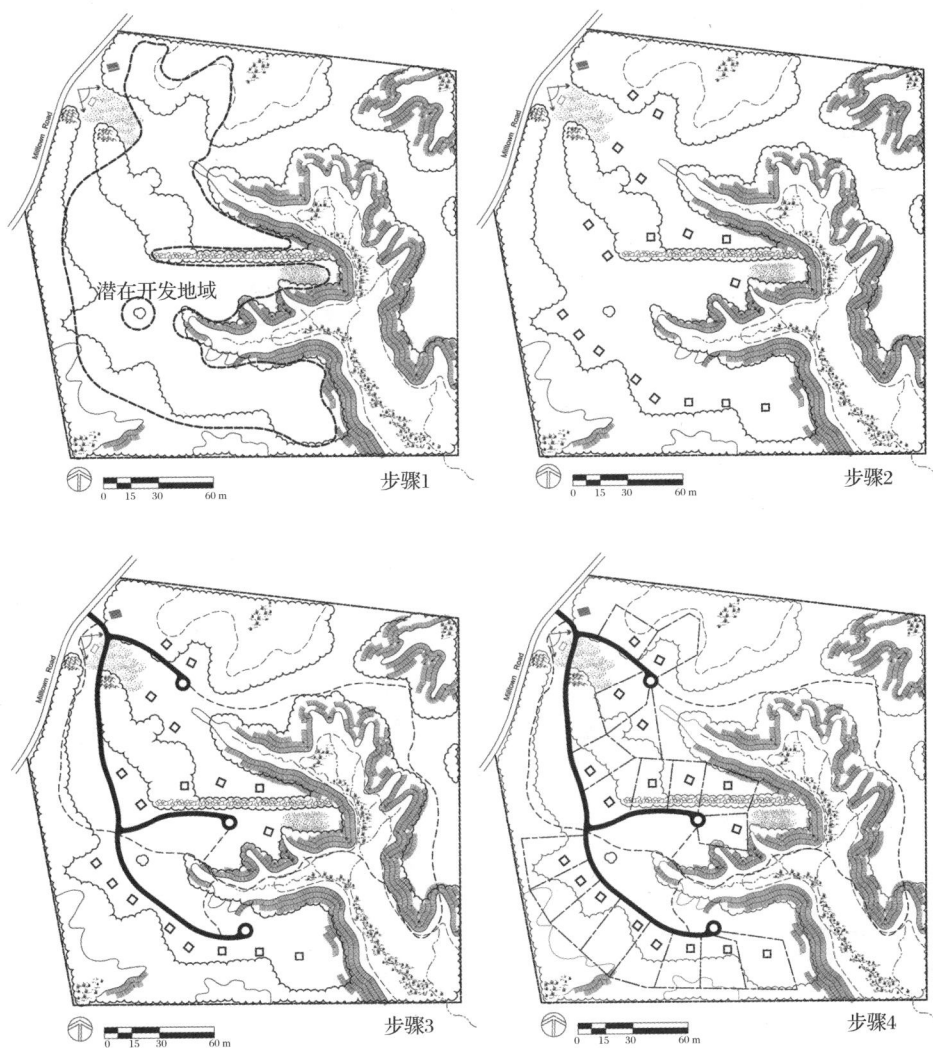

步骤1

步骤2

步骤3

步骤4

图表概述了四个步骤，它是由"绿色增长"机构推荐的，用以规划和设计一个保留自然特征和开放空间的保护性分部：
（1）定位可以开发的位置；（2）房屋选址；（3）创建交通网络；（4）划分地段。图表由自然土地信托公司绘制，由"绿色增长"机构的兰德尔·阿伦特（Randall Arendt）提供。© 1999自然土地信托公司（1999 Natural Lands Trust），岛屿出版社（Island Press）授权转载

这些图片只展示了保护性规划代替传统规划的众多备选方案中的三种。图纸由自然土地信托公司绘制，由"绿色增长"机构的兰德尔·阿伦特（Randall Arendt）提供。© 1999自然土地信托公司（1999 Natural Lands Trust），岛屿出版社（Island Press）授权转载

**场地规划**
宾夕法尼亚州典型的分区规划图，根据分区法规和人口密度，估算出房屋的数量。它只规避了一级保护区，没有规避二级保护区。

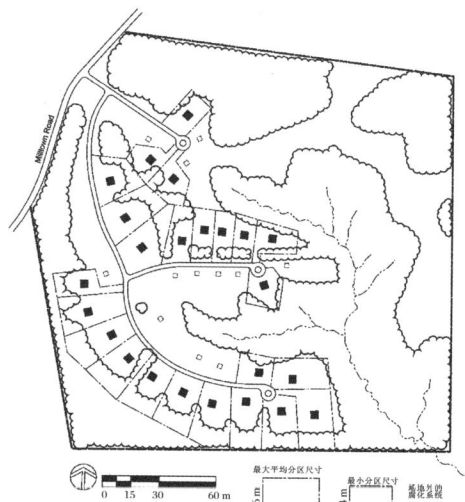

**方案一**
扩大了保护区并增大了其密度，共有24个分区，每个分区的面积在1 114.8 m²~2 229.6 m²，60%是未被分区的空地。

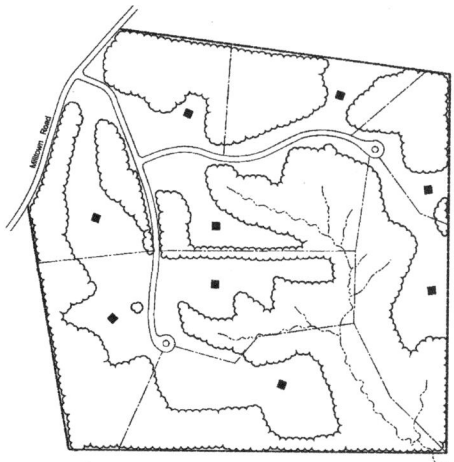

**方案二**
减少了50%的密度，其分为9个区，基本分区大小为16 187.44 m²。

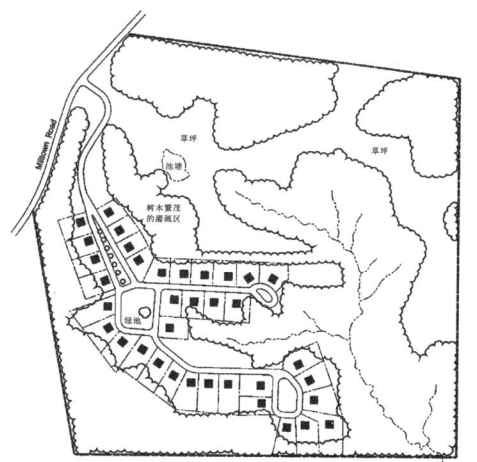

**方案三**
小村庄或村镇，36个分区。每个分区的面积在557.4 m²~1 114.8 m² 70%是未被分区的空地。

护带，而无法做到统筹兼顾，它是一种过时的方法（自然土地信托公司，安·哈金森，私人通信）。通过以下案例阐释其分析方法。

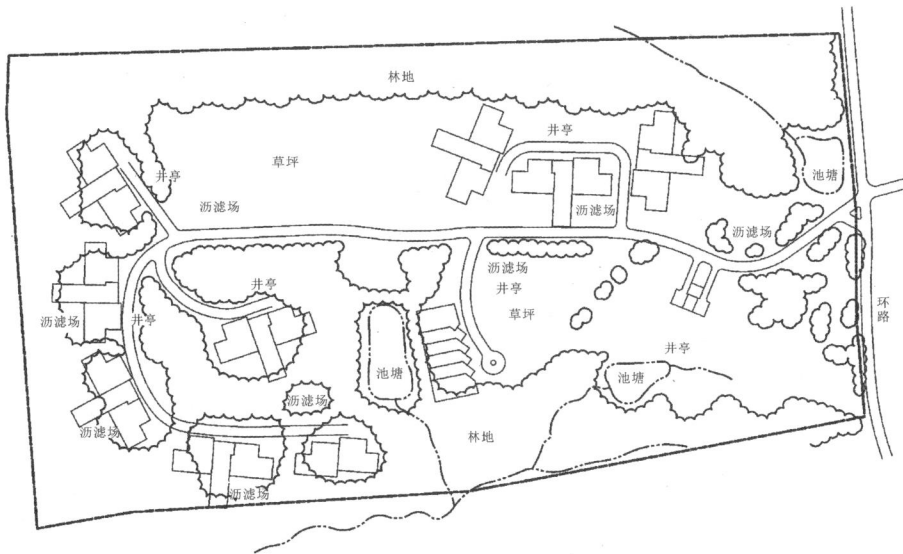

宾夕法尼亚州郊区环形场地的开发集中了住宅以保留开放式草地和森林区域，同时仍然能够保护居住者的隐私。图纸由自然土地信托公司（Natural Lands Trust, Inc.）绘制，由"绿色增长"机构的兰德尔·阿伦特（Randall Arendt）提供。© 1999 自然土地信托公司（1999 Natural Lands Trust），岛屿出版社（Island Press）授权转载

宾夕法尼亚州环形场地的一处住所，与森林自然区域和草地相融合。© 瓦莱丽·艾侬莫尔（Valerie Aymer），自然土地信托公司（Natural Lands Trust, Inc.）

**环形场地：环路（Ring Road），查兹福特镇（Chadds Ford Township），特拉华县（Delaware County），宾夕法尼亚州（Pennsylvania）**

**设计方：** 开发商理查德·卡尔芬特（Richard Chalfant）

**设计重点：** 运用景观基础设施进行水质处理及土壤和空气净化

在一处占地面积为260 000 m²的土地上，开发商开发了一个拥有25个独立式住宅、两个半独立式住宅以及六个联排别墅的项目，这些住宅的面积为251 m²~334 m²。

该项目的亮点在于从260 000 m²的总占地面积中预留出220 000 m²作为开放草地和林地空间。住宅的占地面积仅为1012 m²，开发商没有任何限制——所有的住宅均临街，背靠着永久性开放空间。住宅的场地虽小，但看起来足够宽敞，因为它与后面的开放空间相连。房屋适度回缩了临街面积，并配有庭院花园或不正规的景观区。场地上原始的石质农舍可供租赁。住宅用水由六口深井提供；六口井和垃圾处理场皆位于公共开放空间；三个人工池塘为野生动物提供了栖息场所，在冬季这里还可以作为滑冰场。

**瞭望台高尔夫球场（Widow's Walk Golf Course），斯基尤特市（Scituate），马萨诸塞州（Massachusetts）**

**设计方：** 迈克尔·赫德赞（Michael Hurdzan），赫德赞·弗莱（Hurdzan-Fry）高尔夫球场设计公司负责球场设计；马萨诸塞州阿林顿市国际高尔夫球场建造公司（International Golf Course Construction, Arlington, Massachusetts）负责施工建造；佛罗里达州莱克兰市国际高尔夫管理公司（International Golf Maintenance, Lakeland, Florida）负责项目管理。

**设计重点：** 一处建于废弃砾石坑上且对环境具有修复功能的高尔夫球场

高尔夫球场的开发是一种特殊的土地开发方式：虽然其非渗透性表面的占地面积较小，却能造成其他的环境影响，包括大量化肥和农药的残留、水资源的高消耗、施工阶段的环境干扰以及对栖息地的碎片化影响。一个典型的18洞高尔夫球场能够占用400 000 m²或更大面积的土地，而在美国有16 000多个高尔夫球场，影响十分明显。越来越多的高尔夫球场采取了栖息地保护和创建有机果岭等养护策略，最大限度地减少其对环境的负面影响。

在环境敏感型高尔夫球场的设计中，影响最为广泛的案例之一是马萨诸塞州斯基尤特市的瞭望台高尔夫球场。该环保示范型球场因坐落于当地具有历史意义的房屋顶部的观景瞭望塔附近而得名。

该球场几乎处处都遵循着环境影响最小化的原则。首先，球场位于一处废弃的沙石场地，属于城市棕地。该场地于19世纪70年代废弃后，成了一处非法垃圾堆积场，进而其沙质含水层威胁到了一处公共供水井的水质安全。

知名的高尔夫球场设计师迈克尔·赫德赞率先组建了一个环境方面的专家团队来负责球场设计。他相信自己的团队能够以较低的成本在较短的时间内将球场建成，从而为开发商带来巨大收益。他们确定了敏感栖息区，并设计了带状路避开它们。但若这样，他们则无法在场地中设计一条连续的道路，因此，18个球洞中有7个球洞被迫转移，而平坦球道上设置的空隙可以保护环境敏感脆弱的地区。为了进球，球员必须击球越过这些"障碍"，再加上狭窄的球道，使得该球场很有挑战性，也因此获得了许多高尔夫球手的青睐。球场设计巧妙地保留了包括湿地、森林、春池、植被覆盖的溪流和开阔草地等在内的混合栖息地。在某种程度上由砂砾作业形成的多样化地形被保留了下来。

公共供水井受到了缓冲区的保护，人们被禁止在水井周围使用农药和化肥。在属于水井汇水区范围的稍远地区，人们仅被允许使用少量的农药和化肥。该球场的大部分灌溉用水来自另外一口水井，其水质低于美国环境保护署（EPA）的饮用水标准。灌溉水下渗，经过自然土壤净化后又重新补给饮用水井。通过这种方式，高尔夫球场的大部分区域又可以被视为一个面积巨大的生物过滤器。

球场其余场地的设计目标是在该地区使用少于普通球场一半的化肥、农药、水和化石燃料。应采取种植耐旱草种等措施，允许并接受球道草坪在干旱期偶尔变黄枯萎。球道上种植了紫羊茅，这种植物在缺水时会发黄枯萎，但同时也具有很强的耐旱性。草坪修剪下来的草屑被留在球道上成为天然肥料；而一系列综合虫害管理方法的运用也将农药的使用降到了最低限度。

果岭上种植的杂交常绿草可以满足低维护的要求。修剪下来的残余物被制成堆肥供后续使用。多样化设计应用于18个果岭的排水、土壤类型和土壤改良；利用仪器测量土壤的水分、温度和肥力，并对排水进行采样以便对其化学成分进行检测。一些大学和私人机构的研究人员将该球场作为实验场地，以此来了解营养物质的流动、杂草的控制以及其他有关可持续性高尔夫球场管理方面的内容。

马萨诸塞州斯基尤特市的瞭望台高尔夫球场是一个环保示范性的高尔夫球场。它的场地原本是一处棕地，采用了精心设计的水处理系统、栖息地修复和保护等覆盖面广的环保措施。© 托德·R. 胡杰尔（Todd R. Hugill）

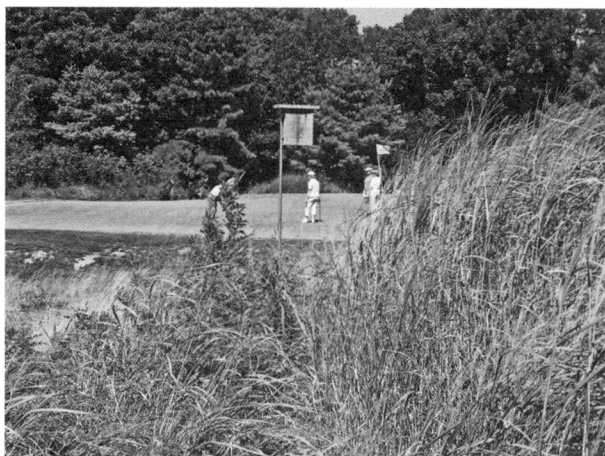

另外，该球场已经成了可再生材料应用的示范项目。铺设车道的原料来自附近公路施工中压碎的沥青。场地上被沙砾作业破坏的原有土壤通过场地中的木屑和锯末得以恢复，而场地内的沙地也被场地外的污水污泥修复。循环利用的最新形式当属草毯材料的应用，但之前草毯材料在场地上的铺设是非法操作。我们可以用其来模拟草皮墙，以稳固沙坑上的陡坡。

这样一来，不仅栖息地本身得到了保护，而且种植植被也使动物的食物来源得以增加，场地内还为鸟类增设了筑巢箱。该项目的参与者之一——马萨诸塞州奥杜邦协会已经确定了这里有80种鸟类的存在，其中一些在本地极为罕见。

瞭望台高尔夫球场包含了本书提出的从场地选址到雨水管理、再到栖息地保护和材料回收利用的各方面观点。这个高品质的高尔夫球场获奖无数，而在此打过高尔夫球的运动员也普遍对其优美的环境和别具一格的景致赞不绝口。该项目避免了与周边社区的冲突，使当地环境得到了保护和改善，从而成为一个双赢的可持续性土地开发的成功案例。

## 街区范围内的可持续城市化

**北德意志地方银行**（Norddeutsche Landesbank am Friedrichswall），**汉诺威市**（Hanover），**德国**（Germany）

**设计方**：贝尼奇建筑事务所（Behnisch Architekten）负责建筑设计；韦策尔及冯塞特（Wetzel & von Seht）工程公司负责结构工程；普费弗科恩及其合伙人公司（Pfefferkorn & Partner）负责结构工程；基尔克工程公司

德国汉诺威市北德意志地方银行占据了整片街区，该项目整合了现有建筑物，并利用巨大的庭院空间实现建筑物的自然通风和新鲜空气的输送。© 卡尔·约瑟夫（Karl Joseph），2006年拍摄

（Ingenieurbüro Gierke）负责机械工程；尼尔及斯科恩霍夫设计公司（Nagel & Schonhoff）负责景观设计。

**设计重点：城市街区规模的可持续开发**

该项目看似与景观或者土地毫不相关，却是一个充分展示出如何对高度开发和高度城市化区域进行建设的优秀案例。在该项目中，中央庭院向周围的建筑物输送新鲜的空气，一处水体具有反光的作用，可以通过水分的蒸发为庭院降温。现有的两栋建筑物没有被拆除，而是被纳入新的整体设计。

该项目的设计旨在融入汉诺威市的城市电网。项目范围包括一整块街

区，在街区周边建造六层的建筑物，将现有两栋建筑设计成外围，新建的现代化办公大楼则作为街区中心，从而形成一个围合庭院。这样一来，这栋六层建筑物的临街面显得更加人性化和现代化。主入口、展览空间、商店和餐馆环绕庭院，作为道路景观分布在街区的周围。高层结构以现有建筑为基础，展现出不同的高度和质量。因此，该项目成为一个高度集成、设计巧妙、以环境友好型建筑为特色的高密度城市化建设典范。

塔楼的绝大部分空间具备自然通风条件，这些双面幕墙结构能够发挥类似于管道的作用，能将清洁空气从中央庭院输送至每间办公室。面向繁忙街道的双面幕墙结构能够有效保护该项目免受噪声和汽车尾气的影响。院子里大面积的水面增强了阳光的反射，形成了一处凉爽的小气候。屋顶花园可以为居住者改善整体的气候条件，收集雨水以满足建筑内部的浇灌及其他需要。随处可见的露台为员工提供了休息区和眺望城市风景的新视角。员工餐厅的屋顶植被是一处具有季节性变化的景观，而其他地方减少植被的原因是不想使它们成为孤立的景观。

综合体的开发具有可持续性：一方面，它运用综合策略以适应汉诺威市常见的建筑类型；另一方面，它建造了一座全新的环境友好型现代化塔楼。这座塔楼没有成为一处孤立的元素或使其他建筑黯然失色，而是如同背景中的雕塑一样，可以从远处眺望到。同时，周围的建筑物也保留了汉诺威市传统的街道规模和建造方式。

## 可持续的城市生活方式

阿德烈尔肖夫科技园光电子中心（The Photonics Center in Adlershot），柏林市（Berlin），德国（Germany）

**设计方：**索布鲁赫·胡顿建筑事务所（Sauerbruch Hutton Architects）负责建筑设计；布罗·斯科瑞克尔设计事务所（Buro Schrickel）负责景观设计；赞贝尔·威尔纳及其合伙人公司（Zibell Willner & Partner）负责环境工程；克雷布斯和基弗有限公司（Krebs & Kiefer GmbH）负责结构工程；迈克尔·兰格工程公司（Ingenierburo Michael Lange）为幕墙顾问。

**设计重点：**城市规模的可持续性开发

光子与光学技术中心展示了由威斯特（WISTA）负责兴建的大型城市规模的项目。威斯特是一个由政府投资的开发和管理机构，坐落于柏林的阿德烈尔肖夫科技园区。阿德烈尔肖夫科技园区的可持续开发战略是将其打造成为柏林的代表性建筑——传承其悠久的历史、最大限度地利用场地的原有建筑物，并让新建筑物作为其补充。此外，洪堡大学的 4 000 名学生和 800 名教师也在这里的研究机构工作。每年在此举办年度科学会议期间，全部建筑物都向公众开放。

威斯特还选择了一处拥有一流交通基础设施的场地：三个距离很近的机场，一条城际电力铁路系统、有轨电车以及若干条公交线路共同组成了便捷的交通枢纽。此外，自行车道和自行车停车设施也已覆盖了整个场地。80%的出行者都会选择公共交通或自行车；另外，项目场地中还设有一处共享汽车租赁中心。

接下来分析一下该项目的开发策略。两座老旧建筑之间新建了两座建筑，成了项目整体的一部分。该中心为从事光电子业务的公司提供了租赁服务，且价格低

光电子中心的两座新建筑与社区现有的结构和功能协调搭配，而其现代的曲线建筑结构也十分引人注目 © 2002威斯特管理有限责任公司（2002 WISTA Management GMBH）

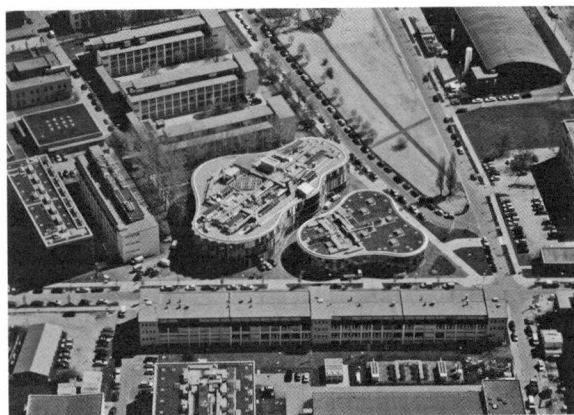

植草沟收集并过滤流经光电子中心整个场地非渗透性表面的径流。©哈维尔·冈萨雷斯·坎帕纳（Javier Gonzalez–Campana）

廉；附近另外两座建筑除了提供租赁服务，部分空间也对外销售。场地上的水需要流经一系列的处理塘，经过清洁处理之后再排放。所有街道的一侧都设计成可渗透性区域，这些可渗透性区域能够收集场地上的雨水，并将其汇入场地一侧城市公园（Stadt Park）的大型水库中。该水库的占地面积为 1 810 000 m²，其中 660 000 m² 为公园占地面积。场地内的大部分街道狭窄曲折，旨在降低汽车的通行速度。

现代化和新旧搭配的开发战略成为该项目被关注的焦点，而光电子中心的新建筑依然具有现代环境特征。三层建筑中设有双层幕墙，使靠建筑墙体一侧的楼层可以自然通风，同时还提供了一个热缓冲区域。此外，考虑到场地内大量的高大树木，建筑师将原有设计划分为两部分。修建工程于1998年竣工，总造价约为1 100万美元。

新建筑与翻修的旧建筑的搭配、新建筑与周围环境的现代化环境特征、低廉的租赁价格、与洪堡大学的有机融合以及方便快捷的公共交通，共同推动了教育、研究、交通（高架铁路）、科技和现代化的协同作用。这个案例证明了实现环境和可持续开发方式的存在。

**里奥彼德拉斯（Rio Piedras）河流修复，圣胡安市（San Juan），波多黎各（Puerto Rico）**

设计方：菲尔德景观设计事务所（Field Operations）负责景观设计；应用生态服务中心（Applied Ecological Services）提供生态顾问；马塞罗·加西亚博士（Marcello Garcia PhD）担任工程顾问；托罗·费雷尔建筑师事务所（Toro Ferrer Arquitectos）负责建筑设计。

设计重点：城市雨洪管理

该场地的占地面积为1 010 000 m²，位于波多黎各首都圣胡安市中心。里奥彼德拉斯河在场地一侧形成了一条长2 414 m的边界，而场地的其余部

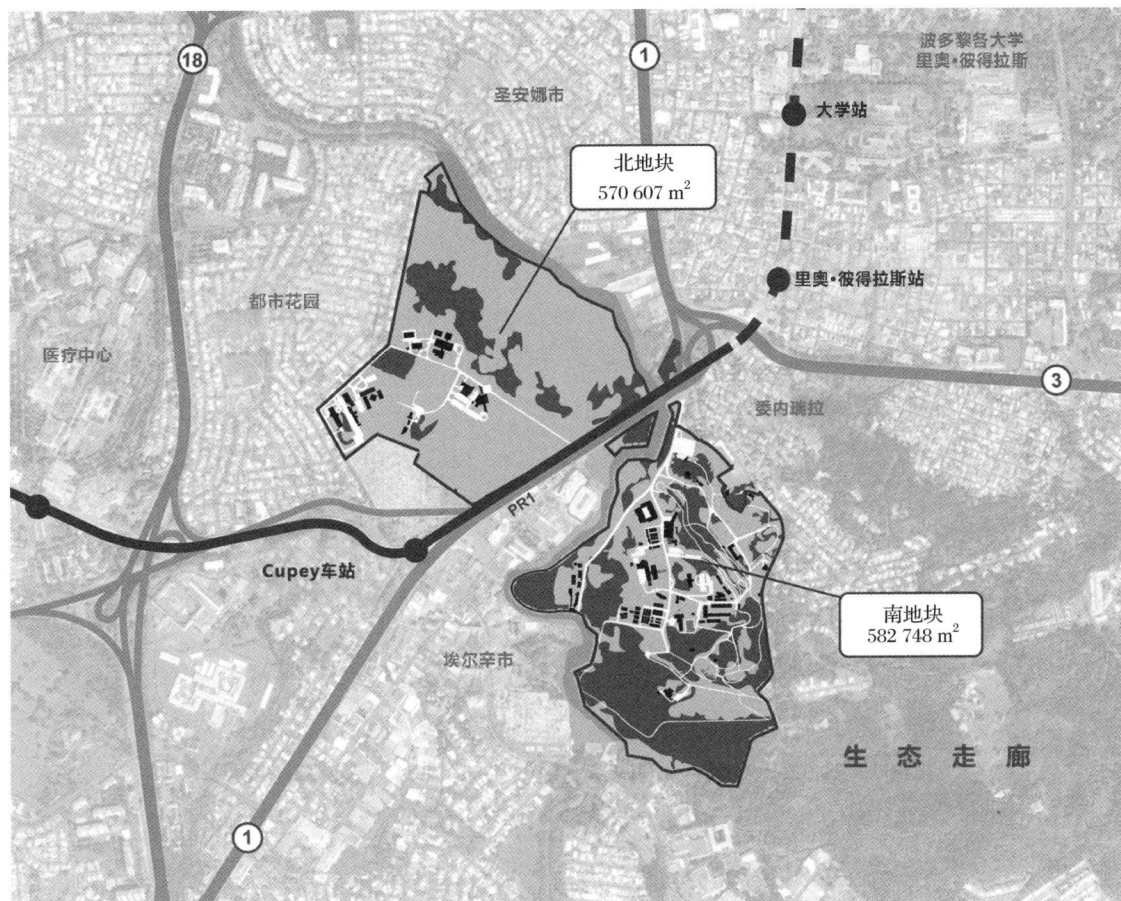

现有的植物园周围有洪水频发的河流和密集的住宅区，并被一条六车道大街一分为二。北部地块平整，未被充分利用，且没有进场道路；南面为丘陵地带，包括大学中央综合楼和原先的花园。© 菲尔德景观设计事务所（Field Operations），托罗·费雷尔建筑师事务所（Toro Ferrer Arquitectos），加布里埃尔·博瑞兹联合公司（Gabriel Berriz Associates），应用生态学服务中心（Applied Ecological Services）

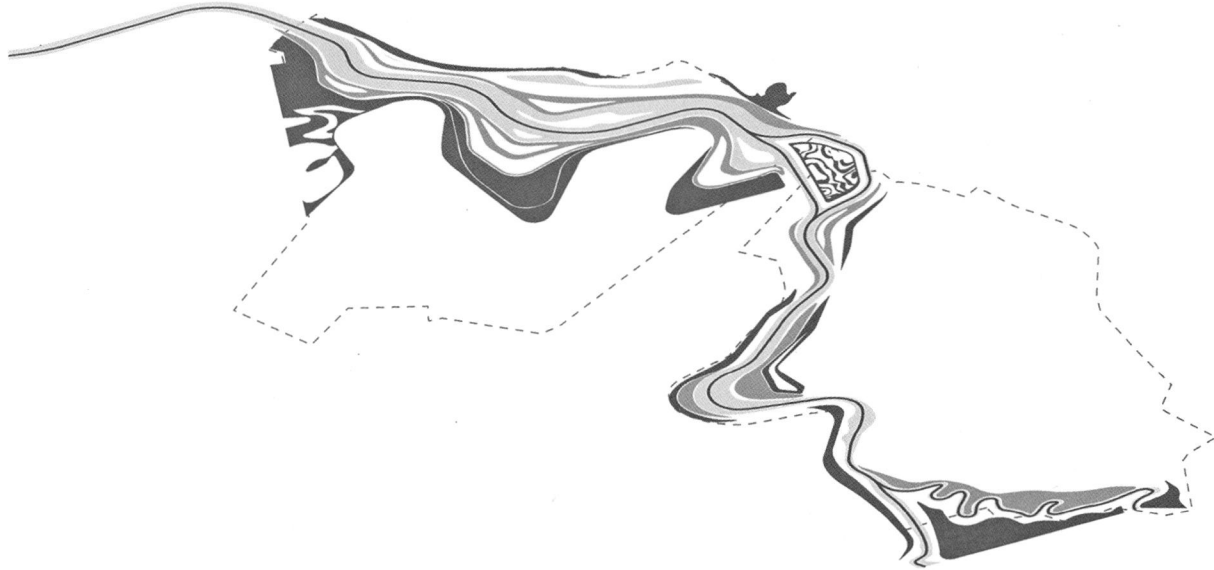

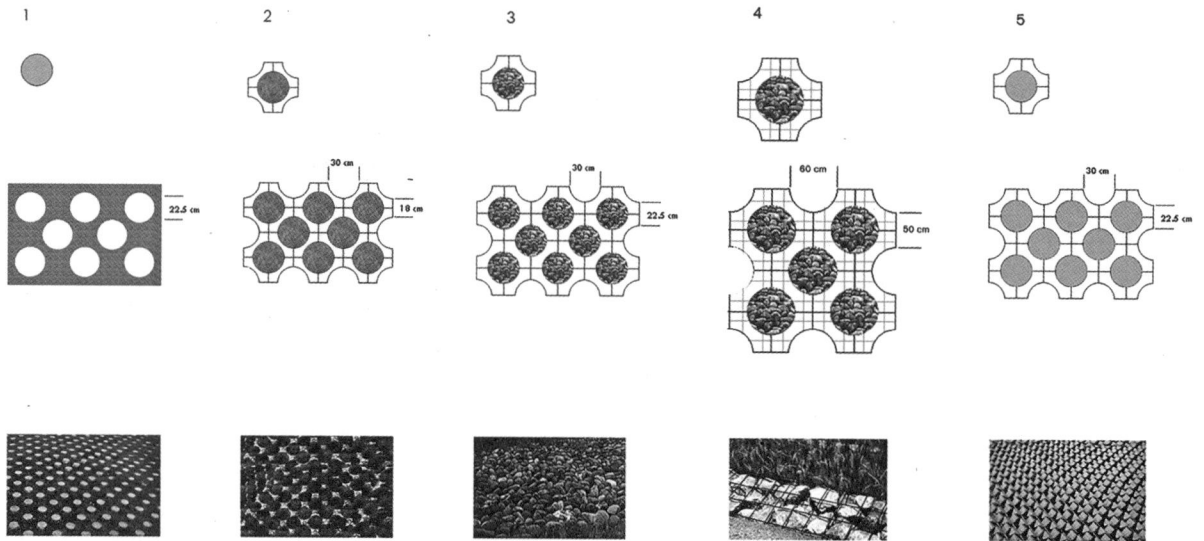

在孔隙度纵横比、水土保持能力和
稳定性方面，对泄洪道和河岸稳
固技术进行了研究。© 菲尔德景观
设计事务所（Field Operations），
托罗·费雷尔建筑师事务所（Toro
Ferrer Arquitectos），加布里埃
尔·博瑞兹联合公司（Gabriel Berriz
Associates），应用生态学服务中心
（Applied Ecological Services）

分则与密集的城市街区相连接。

里奥彼德拉斯河有着与许多典型城市河流相似的问题：汇水区域被硬质铺装和建筑物覆盖，每逢暴雨之时，硬质表面上的雨水排入河流，导致河水泛滥且流速迅猛。因此，植物园作为具有雨洪管理功能的城市公共设施成了该项目的重点。因该项目紧邻居民区，无法利用河流附近的土地。

菲尔德景观设计事务所与由水文学家和生态学家组成的团队提出的解决

里奥彼德拉斯河流北部展示了水生本土植物以及陆架建设的范例。© 菲尔德景观设计事务所（Field Operations），托罗·费雷尔建筑师事务所（Toro Ferrer Arquitectos），加布里埃尔·博瑞兹联合公司（Gabriel Berriz Associates），应用生态学服务中心（Applied Ecological Services）

方案是使植物园成为场地的一部分，继而产生一个新的洪泛区，以此来减缓水的流速，并蓄留一些流域内的溢流。

全新的河流设计包括三个宽度和加固技术各不相同的陆架结构。它们既可以管理河流溢流，又可供公共使用。低流量通道宽10 m，最小深度为1.5 m，连续铺设堆石护坡，可以保障河流日常的通行流量。桥下的狭窄通道以及靠近建筑物基底的部位设置堆石护坡，这使其成为泄洪通道，可抵御两年一遇至十年一遇的洪水侵袭，部分种植植被或设置堆石护坡。这一泄洪通道主要用于研究、实验和教育。其次，较高的泄洪通道可抵御百年一遇的洪水侵袭。其宽度根据具体场地位置的变化而不同，主要作为休闲娱乐空间。该通道承受洪水侵袭的频率不高，因此只采用防侵蚀材料和植被对其进行加固。根据限制条件和植被类型的不同，泄洪通道之间的斜坡路堤种植了植被护坡或铺设了不同厚度的堆石。

**贝尔马（Belmar），莱克伍德市（Lakewood），科罗拉多州（Colorado）**

**设计方：** 开发商是连续合伙人有限公司（Continuum Partners, LLC）和西维塔斯有限公司（Civitas, Inc.）；易道国际设计公司（EDAW）负责景观设计；埃尔库司/曼弗雷迪建筑设计有限公司（Elkus/Manfredi Architects, Ltd.）、范·米特·威廉姆斯·波拉克设计公司（Van Meter Williams Pollack）、丹佛建筑设计公司（Architecture Denver）和QPK设计公司（QPK Design）负责建筑设计。

**设计重点：** 城市空间再利用

20世纪90年代，美国许多城市见证了购物中心的消亡。科罗拉多州莱克伍德市的案例展示了城市购物中心凭借升级改造而获得再次发展的机会。

一个占地面积420 000 m²的废弃购物中心被改造成全新的城市中心，位于贝尔马老式意大利购物中心（old Villa Italia mall）之中。新规划由连续合伙人有限公司与莱克伍德市政府合作完成，前者的母公司为锡拉库扎先锋公司。连续合伙人有限公司的业务重心是科罗拉多州内的可持续住宅开发项目，同时也关注社区的重建。

双方共同制定了一个全新的城市中心开发规划。城市管理者和城市规划师共同完成了第一阶段的公众讨论和调研，并解决了产权方面的问题。1999–2000年间，莱克伍德市政府购买了该地段及其建筑。在连续合伙人有限公司遭遇市场疲软并且面临混合使用型项目难以申请银行贷款的情况下，该市

一个废旧购物中心被改建成一座复合型的城市中心。项目竣工后，科罗拉多州莱克伍德市将拥有一处占地22个街区的步行商业空间。© 连续合伙人有限公司（Continuum Partners, LLC）

还采取了税收优惠的措施以帮助推进项目的执行。

场地上的原有建筑物得到再利用：约90%的旧建筑物材料被重复使用；一个使用风力涡轮机的公共艺术项目可以为路灯提供电能。此外，安保人员使用电动代步车替代汽车。

该项目建设的第一阶段始于2002年，于2004年竣工，剩下的建设预计需要7年时间。110 000 m²的场地用于零售业，74 000 m²的场地用于办公空间、酒店、1 300个住宅、40家零售店铺以及全国最大的全食超市。

贝尔马包含多种城市元素：一座面积为8 094 m²的公园、广场、电影院、溜冰场以及大量文化设施。面积为4 047 m²的广场是城市的焦点，周围被住宅区围绕：既有阁楼，也有城市排屋；既有商住套房和公寓，也有出租屋。整个夏季都有文化娱乐活动。冬季，广场变身为一个溜冰场。

该项目在可持续开发方面最大的贡献是其通过增大空间密度以及创建城镇中心的举措将一处废弃的郊区场地成功地改造成了一座活力小镇，大大提高了空间的利用效率。

## 棕地改造

韦尔斯利学院山谷修复项目（Alumnae Valley Restoration Project at Wellesley College），马萨诸塞州（Massachusetts）

设计方：迈克尔·范·沃肯伯格联合有限公司（Michael Van Valkenburgh Associates, Inc.）负责景观设计；瓦纳斯·汉根·布拉斯特林工程公司（Vanasse Hangen Brustlin, Inc.）负责市政工程；哈雷和奥尔德里奇工程公司（Haley & Aldrich, Inc.）负责岩土工程；麦可·斯考金·美林·埃兰建筑公司（Mack Scogin Merrill Elam Architects）负责建筑设计；松燕联合公司（Pine & Swallow Associates, Inc.）负责土壤科学；草地修复有限公司（Prairie Restorations, Inc.）作为草地植被顾问。

设计重点：将校园棕地改造成为具有良好雨水处理功能的场地空间

韦尔斯利学院的总体规划始于1997年。一处占地面积为54 600 m²、拥有175个停车位的停车场被选为校园开发的新址。尽管弗雷德里克·劳·奥姆斯特德于1902年极力建议保留学院在冰河时期的地形特征，并保护山谷生态，但这片停车区域后来还是成了天然气开采和韦尔斯利学院电厂机械设备的存放地。结果，沥青路面铺装下的土壤被污染。而韦尔斯利学院山谷所在的这块土地在学院最初开发时曾被遗忘，其原有的水文系统和生态功能在20世纪时曾被忽视并遭到破坏。

场地北面的校园建筑在设计时考虑到了山谷在结合校园物理空间和体验感受方面的重要性，并且其日渐成为吸引行人的焦点。

迈克尔·范·沃肯伯格联合有限公司提出恢复山谷作为汇水区的方案，从而解决了场地土壤的毒性问题，并将场地与周围建筑重新联系起来。

这一历时七年的项目改变了场地用途、地形地貌以及土壤特性。该项目在校园新中心的附近新建了一个更为紧凑的停车库，转移了旧停车场的压力。在对旧停车场的沥青进行处理时首先需要将受到高度污染的土壤移除至场外处理；而污染程度较低的土壤可在原地进行处理；停车场和三个鼓状土丘一起构成了新地形的一部分。用干净的土壤将场地覆盖，这样的处理使整个场地比之前高出了1.8 m。利用专业的泵定期清除场地上原有天然气处理

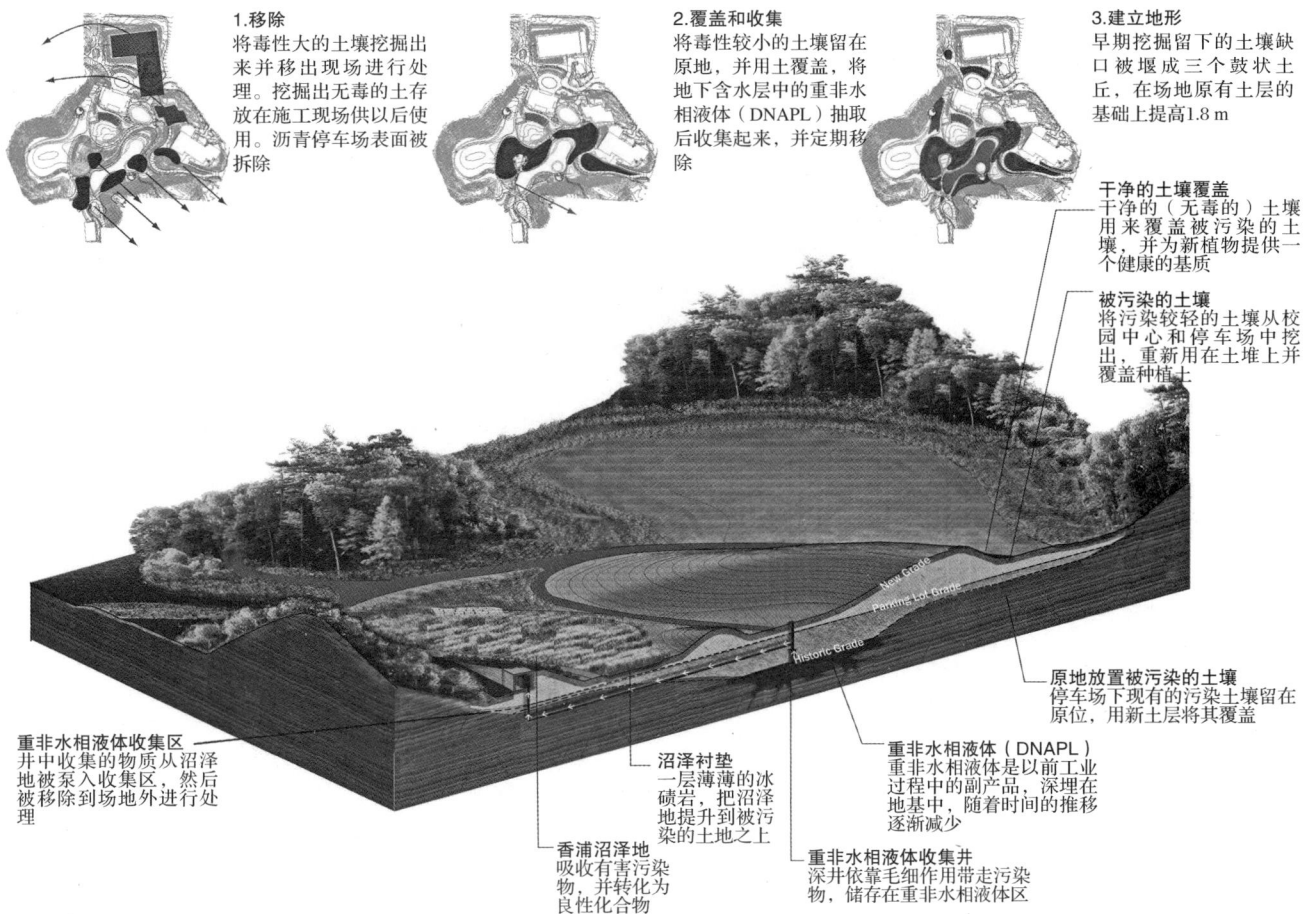

**1.移除**
将毒性大的土壤挖掘出来并移出现场进行处理。挖掘出无毒的土存放在施工现场供以后使用。沥青停车场表面被拆除

**2.覆盖和收集**
将毒性较小的土壤留在原地，并用土覆盖，将地下含水层中的重非水相液体（DNAPL）抽取后收集起来，并定期移除

**3.建立地形**
早期挖掘留下的土壤缺口被堰成三个鼓状土丘，在场地原有土层的基础上提高1.8 m

**干净的土壤覆盖**
干净的（无毒的）土壤用来覆盖被污染的土壤，并为新植物提供一个健康的基质

**被污染的土壤**
将污染较轻的土壤从校园中心和停车场中挖出，重新用在土堆上并覆盖种植土

**原地放置被污染的土壤**
停车场下现有的污染土壤留在原位，用新土层将其覆盖

**重非水相液体（DNAPL）**
重非水相液体是以前工业过程中的副产品，深埋在地基中，随着时间的推移逐渐减少

**重非水相液体收集井**
深井依靠毛细作用带走污染物，储存在重非水相液体区

**重非水相液体收集区**
井中收集的物质从沼泽地被泵入收集区，然后被移除到场地外进行处理

**沼泽衬垫**
一层薄薄的冰碛岩，把沼泽地提升到被污染的土地之上

**香浦沼泽地**
吸收有害污染物，并转化为良性化合物

## 棕地修复——毒性土壤的有效处理
采用一系列的土壤修复技术处理污染的场地，并将其恢复成一个生命系统

采用修复策略控制和移除有毒土壤，同时恢复土壤系统的生物完整性。© 迈克尔·范·沃肯伯格联合有限公司（Michael Van Valkenburgh Associates, Inc.）

**活动草坪**
覆盖之前有毒的土壤来造
创可利用的空间

**溢流植草沟**
在大暴雨时为雨水提供
次要的通道

**下渗地**
水在表面积大的区域流
动，水面很浅，增加了
补给地下水的可能性

**石池中的溢流**
防止侵蚀，减缓地表水
流流速，并加强补给

**西部沉淀前池**
收集初期径流弃流中的
沉淀物

**传送池**
将快速流动的雨水传送
到前池中避免造成侵蚀

**上端入水口**
植被对雨水进行
最后的过滤

**卵石泄洪道**
在雨水流入湖中之前
进行跌水曝气

**香浦沼泽地**
吸收有害污染物并转化为良性化合物

**东部沉淀前池**
收集初期径流弃流中的沉淀物

**雨水排水管**
校园里的雨水受到日光照射，与自然系统
重新连接起来

**卵石植草沟溢流**
防止侵蚀，减缓
地表水流流速，
并加强补给

**沼泽饲养池**
调节水深，使沼泽内水深一致，并让水
进入沼泽，避免侵蚀

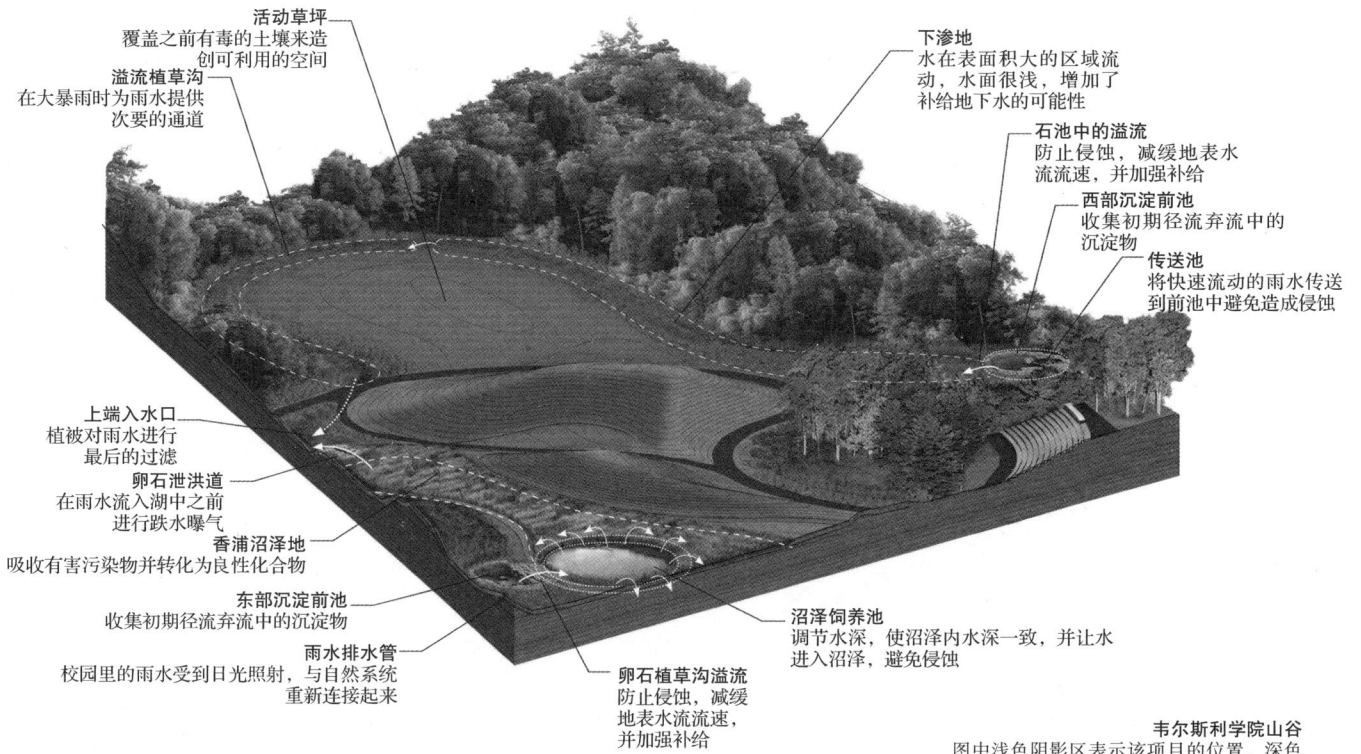

**韦尔斯利学院山谷**
图中浅色阴影区表示该项目的位置，深色
阴影区为韦尔斯利学院山谷区

**重联系统——利用地形和水文来处理表面水**
通过生态修复技术和水文设计，韦尔斯利学院山谷恢复成为冰川地貌和生态系统的一
部分，奥姆斯特德称其为韦尔斯利独特的宝贵遗产

建一处新的地形和植物群落来储存和
处理韦尔斯利学院山谷场地上的地表
水。© 迈克尔·范·沃肯伯格联合
有限公司（Michael Van Valkenburgh
Associates, Inc.）

右图为韦尔斯利学院山谷修复工程，分别是建成前和建成后的麦卡恩停车场——以前的非渗透性停车场如今成了一处湿地。© 上图：迈克尔·范·沃肯伯格联合有限公司（Michael Van Valkenburgh Associates, Inc.）；下图：保罗·沃霍尔（Paul Warchol）

厂遗留的有毒液体残留物。

山谷与一处占地面积为320 000 m²的大型集水区相连，所形成的水文功能是该场地设计时在生态方面考虑的重点。山谷的新地形上修建了一处湿地，作为场地雨水径流汇入慰冰湖之前对其进行储存和处理的一部分。由岩石建造的前池收集雨水径流，在水流进入湿地之前对其进行了沉淀处理，而黏土衬里则将受到污染的土壤封闭起来，防止其再次进入水体。湿地和池塘里的香蒲、牧草和苔草有助于净化雨水径流。上种植了原生草地物种，场地上种植的本土树种有300余种。

通过修复场地的水文功能来对山谷进行修复，景观设计与场地汇水区相结合，改善了场地上遗留的土壤毒性问题。

### 福特汽车制造厂（Ford Rouge Motor Plant），迪尔伯恩市（Dearborn），密歇根州（Michigan）

**设计方：**D.I.R.T.设计工作室（D.I.R.T. Studio）担任环境工程顾问；纳尔逊·伯德·沃尔茨景观设计公司（Nelson Byrd Woltz Landscape Architects）负责景观设计；卡希尔联合设计公司（Cahill Associates）负责工程设计；克莱顿·鲁博士（Dr. Clayton Rugh）担任植物修复学家；威廉·麦克唐纳及其合伙人设计公司（William McDonough & Partners）负责建筑设计。

**设计重点：**景观基础设施

该项目中的许多设计要点都展示出其作为21世纪可持续开发项目的先进性。该项目是一个占地面积为4 860 000 m²的大规模项目，它对在20世纪发挥重要作用的工业厂区进行再利用，将其转化为21世纪的新型厂区。绿色屋顶技术、先进的雨水管理措施以及植物修复技术的应用成了该场地转型的首要手段。

1999年，福特汽车公司宣布实施红河工厂（Rouge River Manufacturing Plant）整修计划，当时预计耗时20年，计划将其改造成可持续制造厂区的典范。规划包括建造一座新的制造厂以及涵盖整个场地范围的可持续性景观基础设施。

雨水管理始于一片种有景天科植物的绿色屋顶，占地面积为42 000 m²。

本土灌木品种在较短时间内形成了丰富多彩的图案，同时具备雨洪管理的功能，并为野生动物提供栖息地。© D.I.R.T.设计工作室/纳尔逊·伯德·沃尔茨景观设计公司（D.I.R.T Studio/Nelson Byrd Woltz Landscape Architects）

多余的雨水从屋顶流入停车场路面下具有很强吸水能力的石槽中。随后，雨水流入种植了本土乔木、灌木和地被植物的植草沟中。场地上庞大的植草沟网络能够滞留90％的年降雨量。植草沟以及能对雨水进行再处理的湿地具有过滤功能，可以将过滤后的洁净雨水输送至地面、河流与湖泊。

植物修复是该项目采用的另外一个重要的可持续开发策略，利用植物移除水中的污染物。此案例中，多环芳烃化合物是钢铁制造中产生的一种高致癌性物质，存在于制造厂焦炉附近的土壤之中，植物可将其逐渐消解。

植物，或者更确切地说是植物根部的微生物，将污染物分解为无害的有机化合物，之后再将其吸收。密歇根州立大学的克莱顿·鲁和密歇根大学迪尔伯恩分校的约翰·托马斯是福特公司资助的两名研究学者，他们开发了一种运用本土植物进行生物修复的系统。

其中性能最好的植物当属紫泽兰（joe-pyeweed），美国紫菀（New England aster）和灰毛紫穗槐（lead-plant）。该场地上进行的生物修复可以在3~5年内降解50％的污染物。相较于将污染土壤移除到垃圾填埋场或任由其自行降解的做法（需要几十年甚至上百年的时间），该方法的确是一个快速、高效的可持续开发策略。

## 方法与材料

**居住之家有限责任公司（LivingHomes，LLC），圣莫尼卡市（Santa Monica），加利福尼亚州（California）**

**设计方**：史蒂夫·格伦（Steve Glenn）为CEO和创始人；雷·卡皮（Ray Kappe）为美国建筑师协会会员（FAIA）；大卫·赫兹（David Hertz）为美国建筑师协会会员（FAIA），建筑师。

**设计重点**：环保预制房屋：一种对自然系统破坏较小的建造方式

该项目的实施凸显了一群优秀的建筑师为设计和修建现代可持续性预制房屋所做出的努力。房屋预制特指建造活动，之所以被收录在本书之中是因为它对自然系统的低破坏性。施工活动对场地的破坏性巨大：它会干扰场地原有的排水模式；砍伐原有植被，以满足建筑物自身施工空间的需求并营造更大的空间范围；卡车会不断运输建设材料和施工设备。通常情况下，施工活动持续的时间取决于项目规模大小（1～5年）；而预制房屋则可以在8小时之内安装完成。

与传统的场地建造方式相比，预制房屋还减少了施工废弃物的数量（在传统建造模式的收尾阶段，40%的施工材料会被填埋到垃圾场，而预制模式仅仅产生2%的废弃材料）。然而，预制房屋也经历过一段曲折的发展历程，它没有完全履行当初的承诺，建设成为经济适用房或中等价位的住房。预制房屋尝试使用工厂装配的环保材料，所选材料都经过严格审核，符合环境可持续性标准。除此之外，该项目还与一些从事可持续设计的公司建立合作关系，并使用其产品。

位于加利福尼亚州圣莫尼卡市的居住之家样板房，是第一个获得由美国绿色建筑委员会（U.S. Green Building Council）LEED铂金认证的住宅项目。它由洛杉矶的南加州大学建筑学院创始人雷·卡皮设计。2006年4月，该样板房竣工，具体操作是将其放置到一个由11个模块组成的混凝土板上，此操作由一个350吨的起重机在8个小时内完成，大大缩短了现场的施工周期。

该房屋不使用城市用水，而是通过屋顶花园来吸收阳光照射（降低标准

这些预制房屋可以在几个小时内安装完成，因此产生的施工影响很小。© 2006居住之家（2006 LivingHomes, LLC），汤姆·邦纳（Tom Bonner）

房屋可实现能源自给，不使用城市用水灌溉，并且尽量减少安装过程中的浪费和碳排放。© 2006居住之家（2006 LivingHomes, LLC），汤姆·邦纳（Tom Bonner）

黑色屋顶的热岛效应），对房屋进行隔热，并且将雨水收集在水箱内用于园林绿化灌溉。而中水系统则对水池和淋浴用水进行回收，用于灌溉。

居住之家的创始人史蒂夫·格伦又另外设计了三套房屋，并在加利福尼亚州约书亚树制定了一整套发展规划。该项目的目标是实现零耗能、零耗水、零浪费和零碳排放。居住之家的建筑特征主要是自然天成和工厂装配（与现场建造相对）。最后，它体现出的可持续性可被看作预制房屋在建筑业得以发展的保障。

### 绿色滑板实验室（GreenSkate Laboratory），华盛顿特区（Washington, DC）

设计方：特里·诺斯特兰（Terri Nostrand）担任项目总监；克里斯·诺斯特兰（Chris Nostrand）和本·阿什沃斯（Ben Ashworth）担任建筑工头；安迪·尼尔（Andy Neal）负责采购和通信；杰米·斯塔普拉（Jaime Stapula）担任志愿者协调员；万人控股集团有限公司（MSG）、博达尔筑墙工程公司（Bodar Masonry）和工匠混凝土服务公司（Artisan Concrete Services）提供混凝土专家；卢克·州皮（Luke Jouppi）和奥姆尔·温德海姆（Omer Windham）负责设计；唐·霍金斯（Don Hawkins）担任建筑顾问。

通过使用再生材料和利用志愿者资源，绿色滑板实验室形成了一个拥有绿色建筑、在环境方面具有教育意义并致力于社区建设的模式。©杰夫·帕洛纳（Jeff Perona）

**设计重点：** 再生材料的使用

该项目是在一处废弃手球场建造的滑板公园，有许多可借鉴之处。首先，它将一处运动场地改造成适用于当下流行运动的活动场地，实现了再利用。其次，对一种很难处理的材料进行了回收利用：废弃的牵引式挂车轮胎，大部分是从阿纳卡斯蒂亚河（Anacostia River）中打捞上来的。

该项目的灵感来自20世纪70年代在绍斯韦斯特市（Southwest）进行的一项实验。该实验用土砖搭建出厚厚的墙壁，其具有良好的隔热和保温效果。土地生态架构（Earthship Biotecture）公司位于新墨西哥州陶斯镇，是仍在使用该方法的公司之一，即使用装满泥土的轮胎。这项技术由爱德·帕斯奇（Ed Paschich）在通道建设公司的项目中使用。该公司成立于1976年，位于新墨西哥州科拉莱斯市（Corrales）。爱德还撰写了书籍《轮胎房屋》（*The Tire House Book*）（太阳石出版社，1995）。

特里和克里斯·诺斯特兰是两位滑板运动爱好者，他们将滑板运动志愿者组织起来，使用培乐多（Play-Doh）彩泥创造他们理想中的场地模型。公园与娱乐设施管理局（The Department of Parks and Recreation）也对其改造旧手球场的行为给予了许可。志愿者们在轮胎内填满泥土，将泥土和钢筋置于轮胎的顶部，建造出滑板公园的结构。一批在混凝土方面有着丰富经验的滑板运动员将混凝土浇筑在顶部，厚度为15 cm，内置钢筋。除了混凝土之外，所有材料都来自回收再利用的资源，包括公园周边的铁丝网围栏和混凝土坡道上的横管（取自游泳池）。

该项目从一处废弃的城市体育设施场地中回收材料，滑板运动志愿者利用周末时间来此创建一处新的公共设施，这取代了由专业人员进行设计和建造的方式。虽然在某种层面上它无法被模仿，但是该项目中建设者通过网络了解建筑材料回收再利用的知识，这是一个亮点。该项目通过网络获取知识的行为充分展示了可持续开发领域具有实用性的工具，说明了改善项目所需的基本科学原理的重要性——这也是本书出版的意义所在。

## 工业生态学

凯隆堡工业园（Kalundborg Industrial Park），凯隆堡镇（the Town of Kalundborg），丹麦（Denmark）

合作伙伴：E2能源公司（ENERGY E2）；挪威国家石油公司（Statoil）；丹麦诺和诺德生物制药公司（Novo Nordisk）；圣戈班石膏建材公司（Gyproc）；生物土壤修复公司（Bioteknisk Jordrens）；凯隆堡镇（the Town of Kalundborg）

设计重点：工业共生体系

该工业园区也被称为"生态工业园"。表面上看起来并无特别之处，但实际上是一个被反复借鉴的经典项目。该园区的成功之处就是吸引了六家企业在此落户，包括一家炼油厂、一个发电站、一家石膏板公司、一家土壤修复公司、一家生物技术公司以及凯隆堡镇本身。但该项目真正的特色在于这些实体企业可相互受益，并遵循回收再利用废弃产物的原则，最大限度地减少污染废弃物，同时，废弃物的再利用也为其他企业提供了能源。因此，该项目已成为真正可持续发展的典范。同时，它也是新型实业公司和城镇规划的优秀范例。

该项目最令人惊叹的地方是它并非源于自上而下或外部的规划，而是自发组织形成的。1961年，当时一家新建的炼油厂与凯隆堡镇建立了合作伙伴关系。随着其他合作伙伴的相继加入，这种相互交换材料的方式逐渐发展成如今的工业生态学。

每个新加入的合作企业都需要成为另一家现有企业的物质或能源的接收者，由此开始一系列的物质和能源交换。此处介绍六个主要合作伙伴之间的一些物质和能源的交换：阿斯尼斯电站（丹麦最大的燃煤发电厂）；挪威国家石油公司，一家隶属于挪威国家石油公司的炼油厂；丹麦诺和诺德生物公司，一家跨国生物科技公司，也是世界最大的胰岛素和工业酶生产商；圣戈班石膏建材公司，瑞典的一家石膏板生产企业；生物土壤修复公司，一家专注于土壤修复的公司；最后是凯隆堡镇。

　　水在丹麦属于稀缺资源，电站和其他企业使用的水源来自提梭湖（Lake Tissø），而非地下水。挪威国家石油公司的炼油厂在此发挥的作用是向阿斯尼斯电站输送经过净化的废水和使用过的冷却水。阿斯尼斯电站反过来向挪威国家石油公司和诺和诺德生物制药公司提供蒸气，因此这两家企业的运行依赖两个水源。阿斯尼斯电站对烟道废气增加了一个脱硫的过程，由此产生的石膏成为圣戈班石膏建材公司制作石膏板的原料，而这些原料以往都需要从西班牙进口。诺和诺德公司废弃的生物有机物被当地的农场社区当作肥料循环使用，剩余热量由阿斯尼斯电站提供给城镇供热系统。

　　该园区的运作形式大大减少了对稀有自然资源的消耗，同时也避免了浪费，节约了资金。所有的实践和节能效果都进行了严格的追踪和监控，凯隆堡镇也因此成为工业生态学的标志性案例——是消除浪费、循环利用和降低生产成本方面的典范。不过，即使城镇和工业共生的景象看上去十分和谐，但还是不能免除人们对其缺乏整合结构的担忧。该园区没有从美学角度为城镇和工业一体化提供解决方案，石油精炼厂和数量众多的储油罐构成了该园区的主导景观。尽管该工业共生体具备极好的生态学运行功能，但在场地的美学或社会性方面还有所欠缺。

## 合作关系

公私合营是开发绿色项目的一种潜在融资机制，它可以运用公共资金开发公共福利性质的项目。以下是此类合作伙伴关系的案例研究。

**比肯登陆（Beacon Landing），比肯市（Beacon），纽约州（New York）**
**主要合作伙伴：**哈德逊景区公司（Scenic Hudson, Inc.）；内德·福斯公司（Ned Foss）；CGI及其合伙人开发集团（CGI & Partners）

由哈德逊景区公司（一个非营利性环保组织）、CGI及其合伙人开发集团（一家营利性开发集团）、内德·福斯公司和纽约州比肯市建立起来的合作伙伴关系，计划将93 000 m²的滨水地块开发成一处生态友好型酒店、码头和滨水公园。哈德逊景区公司倡导的"保护和加强哈德逊河流域和山谷区域的风景、自然、历史、农业和休闲价值"的宗旨，吸引了内德·福斯公司的营利性开发团队，欲借此实现其多重商业目标。哈德逊景区公司拥有这片土地的所有权，并与开发集团签订了99年的设备租赁合同。除了刺激比肯市的经济发展之外，其合作伙伴关系还能够增加该市的税收，并通过该项目为市民提供滨水开放空间并且方便市民使用河水。

项目投资约3 000万美元，用于土地收购、环境资源评估、社区规划，建造一处占地面积为8 000 m²、拥有90间客房、总建筑面积达14 864 m²的多层酒店建筑及附属设施，大部分场地则将成为公园用地。

比肯登陆项目的场地规划得到了哈德逊景区公司的协调与认可，减轻了比肯市政府对于开发商的担忧。当地公众支持的增加也为这项具有开创性的环保项目创造了条件。在选择合适的开发商之前，哈德逊景区公司为该项目的筹备做了大量的工作：整合了场地，获得了场地的所有权并自愿纳税，从而为开发商免去了场地的购买和持有成本。

比肯登陆项目的滨水开发场地以前是一处工业场地，紧邻城市中心及纽约城市通勤火车站。其开发产生了多米诺式的复兴影响，它成功地吸引了哈德逊河DIA艺术中心（DIA Center for the Arts）以及河流与河口中心（Rivers and Estuaries Center）的入驻。2003年春，比肯市被选为哈德逊河与河口中心的建设场地。作为一处世界级的科研和教育基地，该项目每年获得5 000万美元的预算，而这些景点每年吸引成千上万的游客。此外，比肯登陆项目能够推动比肯市的经济发展和市中心房地产业的复苏，并提高物业价值。这种稳步提高的区域经济环境也进一步提高了城市与比肯登陆项目的潜在经济效益。

哈德逊景区公司有获得环保类项目公共资金的资格，因此比肯登陆项目中的太阳能系统和滨水区复兴计划获得了纽约州能源和环境保护组织高额的资金补助（纽约州长办公室，2003）。开发商也因获得资金补助而有效地控制了成本，从而进一步提高了绿色项目在资本收益方面成功的可能性。部分场地的初期规划和整个场地的治理费用由哈德逊景区公司负责，所有涉及社区的反馈和修正的后续费用则将由开发商支付。由于场地研究资金的减少，开发商节约了成本并缩短了项目时间。

然而，如果哈德逊景区公司在租约里制定一条强制性的"环保"条款的话，由于缺乏"绿色操作"的客观标准，抵押贷款会很难获得。因此，开发商必须与当地社区协商，这样就会使项目进程拖后，他们在哈德逊景区公司实施的强制性低密度开发中也会损失一些利益。但是，该地区酒店市场的营利能够弥补低密度开发所带来的损失。绿色开发具有长效的营利能力，因此绿色投资的收益回报有时会比其他类型投资的回报来得慢。

### 西瓦诺项目（The Civano Project），图森市（Tucson），亚利桑那州（Arizona）

**主要合作伙伴：**凯斯公司（Case Enterprises）；可持续开发信托公司（Trust for Sustainable Development）（初始合伙人）；亚利桑那州图森市（City of Tucson, Arizona）

位于亚利桑那州图森市的西瓦诺项目是一处占地面积为3 710 000 m²的"可持续城市村落"，最初由凯斯公司与总部位于加拿大不列颠哥伦比亚省的可持续开发信托公司共同开发。最终，凯斯公司买断了可持续开发信托公司拥有的项目股份，与图森市建立了风险分担及部分资金支持的合作伙伴关系。这种合作构建了节约型的结构模式，利用定位发展方式，解除了开发商的部分担忧。

该市支付约230万美元的土地费用、3 000万美元的场地开发费用和4亿美元的建设费用，其中，该市通过为其基础设施建设发行市政债券的方式筹集3 800万美元，还斥资400万美元购买义务债券，用于公园与休闲设施的建设，此外，预计花费300万美元用于提升和改造其他基础设施。

图森市作为该项目在经济和政治层面的合作伙伴，能为项目节约开发的高额基础设施成本，每年节约约50万美元，同时"在增长明显的地区，会积极引导高密度、集群式开发的增长"（RMI,1998）。该项目还能够享受免税融资和低利率的优惠。此外，西瓦诺项目10％的收益将会用于设立图森市及其区域范围内的可持续开发研究基金。这项研究可以提高区域资源的有效利用率，为城市节约不必要的基础设施和能源消耗。

该市对该项目的基础设施和社区中心投资的700万美元需要得到纳税人的支持，债务预计会在8年内还清。西瓦诺项目的住宅售价预计会增加10 000美元，租户可以通过特殊的纳税评估，在25年内分期收回这些溢价及其储蓄利息。

### 切萨皮克湾建设者（Builders for the Chesapeake Bay），切萨皮克湾（the Chesapeake Bay），马里兰州（Maryland）

**主要合作伙伴：**国家住宅建筑商协会（NAHB）；流域保护中心（CWP）；切萨皮克湾联盟（CBA）。

该项目促进了环境响应型住宅及商业场地的开发，满足了切萨皮克湾流域快速增长的人口用地需求，同时也将当地的住宅建筑商与环境保护学者聚集在了一起，实现了地方层面的环境责任型场地开发。该项目兼顾地产开发和环境利益，促进了有利于地方市政发展的开发模式的改革，为社区的局部改造、环境改善及经济发展提供了支持。

此外，召集合作伙伴和地方政府制定开发模式原则的管理成本也很低。

这种合作共赢的方式大大降低了环境保护组织和房地产开发集团的游说和诉讼成本，其开展过程更加重视社区需要。这种多方支持的开发模式最大限度地减少了涉及环境和社区利益的反对意见，从而大大节约了开发商的时间。国家住宅建筑商协会的率先加入也吸引了地方建筑协会的参与。最后，这种获得社区支持并达成共识的开发行为能够减少可能给切萨皮克湾渔业、水质以及休闲环境所带来的长期破坏。

# 单词表

**吸收：** 土壤颗粒等固体材料从溶液中摄取物质。本书大量使用了该词语，既指技术层面上的吸收（摄取至表面），也指字面意义上的吸收（摄取至固体）。

**基流：** 两次暴雨事件之间河流或沟渠中的水流量。非渗透性表面可导致暴雨流量增加以及基流量降低。

**最佳管理实践（BMPs）：** 有利于保护环境的结构或活动。更直接的说法是最佳环境管理措施，但BMPs是一个用途更广的专业术语。

**生物需氧量（BOD）：** 水体中因存在可生物降解的有机物而产生的耗氧量；污水中的污染物质能够产生较高的生化需氧量。

**生物多样性：** 生物体之间的差异性，包括物种内多样性（遗传多样性）、物种间多样性（物种多样性）以及生态系统多样性（生态系统中生态进程和相互作用的多样性）。通常情况下，生物多样性指一定范围内的物种数量。

**生态工程结构：** 由纤维垫等天然材料构成的构造物或草衬洼地等构成的人造地貌。

**生物群系：** 一个地区特有的物理环境、地形、海拔和纬度下动植物群落的集合。

**生态滞留区：** 被土壤和植被覆盖并且能够缓慢吸收雨水径流和过滤污染物的斜坡或洼地，类似于雨水花园。

黑水（污水）： 来源于马桶或含有大量化学物质的水体，例如，从洗碗机以及污水管道排放的水体。黑水在排放或重新利用之前，需要经过复杂的处理过程。可参见中水。

棕地： 美国环境保护署（EPA）将棕地定义为自身存在或可能存在危险物质、污染物或有害物质，从而在扩建、重建或再利用时，情况相对复杂的土地。

汇水区： 可参见集水区。

槽蓄容量： 堤坝河床内的水容积。

闭环再循环： 在实现材料的最初使用价值后，对其重新利用，从而避免将其当作废物弃丢于垃圾填埋场。它反映了自然界中的一种养分和其他物质始终处于持续循环再利用的模式。

聚集式开发： 建筑集中在土地的某一区域，在减少基础设施建设和降低成本的同时可以最大限度地实现连接开放空间。

人工湿地： 为了复制自然沼泽地生态进程而建设的湿地，主要功能包括：通过减缓径流来减少暴雨径流量以及通过过滤污染物来改善水质。人工湿地主要包括两种类型：有积水的表面流人工湿地和潮湿的潜流人工湿地，后者只有在最潮湿的地方才能看到地表水。

致污物： 空气、水体或土壤中高于自然标准含量的物质。可参见污染物。

生命周期： 一种材料或产品评估类型，涉及从自然资源的提取、加工到后续的产品制造、运输、使用以及处理的各个阶段。

环境设计（DFE）： 基于工业生态理念的产品设计，其目的在于实现废弃物的闭环再循环。

滞留池：人工建造的池塘，主要功能为临时储存过剩的雨水，防止洪水侵袭或水土流失。该临时储存场所为雨水中携带的沉积物和污染物创造了沉降条件。

溶解氧量：一定量的水溶解的氧气量。一般情况下，湖泊和溪流的溶解氧量越高，生态环境越好。炎热路面上的径流、无遮蔽的溪流、污水及过多废料都可以造成水体溶解氧量的降低，从而对水生生物造成危害。

流域：可参见集水区。

有效非渗透性：和场外输水管道或自然水渠直接相连的非渗透性表面，包括完全非渗透性区域、少量独立地块、向雨水花园排水的表面和向菜地排水的表面等。

隐含能量：提供服务或生产产品所需的能量总和，包括用于原料提取、运输、制造、装配和安装的能量。

濒危物种：整体或大范围都濒临灭绝的物种。

能量流：工业生态学中从一种状态向另一种状态的能量转换。一种依据开发项目的工业生态学标准对项目所用产品和材料的提取、加工、运输以及处置过程所用能量的评估。

富营养化：河流或湖泊营养物质的增加，往往伴有藻类群落变化、水体氧含量降低和鱼类死亡现象的发生。加速或人为富营养化是湖泊、河流、河口水体中氮、磷超标的结果，其主要来源包括肥料、污水、动物粪便等，富营养化也被称为营养污染。确切地说，富营养化是水体自然进化的结果，而人为富营养化则是营养物的增加对这一自然进程的促进。

蒸散量：土地和水体表面通过物理蒸发释放到大气中以及通过植物自然代谢过程返还至大气中的水蒸气的总量。

柴笼：以某种方式将长条状、绳子状的树枝或细枝捆扎在一起。

初期径流：暴雨期未达到最大流量却达到最大污染程度的现象。

流态：溪流或河流中水流量和流速的季节规律或变化。

中水：来自浴缸、淋浴、洗衣机、浴室洗漱台、厨房水槽（未经洗碗机或垃圾机处理的情况下）等源头的水。中水水质介于饮用水和黑水之间。在排放前稍加处理，通常可以直接用于灌溉等用途。可参见黑水。

未开发土地：只经过农林开发的地块；原始土地。可参见棕地。

绿色屋顶：设置在普通屋顶材料之上的花园或植被。它具有收集雨水、减少径流和保温隔热等功能，在城市环境中尤其重要。

漂绿：为不利于环保的行为伪造正面的公众形象。

水文：与水体运动相关。

水文学：研究地表及地下水体的产生、性质和流动情况的学科。

喷播草籽：草种、覆盖物、肥料、黏合剂和水的混合物。草籽被喷射至地表，防止地表发生水土流失，且发芽速度比单独播种草种更快。

非渗透性表面：水不能向地下渗透的、传统的街道路面或高度压实的土壤表面。可参见有效非渗透性。

工业生态学（IE）：评估工业系统与自然系统的相互作用以及材料和能源运行的一种方法，旨在通过提高材料使用效率来实现材料的闭环再循环，从而减少使用材料所产生的环境影响。

工业共生： 工业设备在生产过程中产生物质交换并从中受益的一种相互关系。例如，石膏作为一种发电副产品，在发电活动完成之后即被丢弃，但同时也可以作为制造石膏板的原料。共生是一种生物关系，其中至少包含两种不相关的物种进行物质、能量或其他资源的交换。

下渗： 降水流入地表之下的过程。

综合虫害管理（IPM）： 一种控制虫害的系统，旨在利用先进技术和各种策略最大限度地减少虫害对人类的危害和对环境的破坏。它并不拒绝使用化学合成的农药，但可以基于害虫生命周期的知识制定多种策略，尽量减少化学农药的使用量。它还能够有效利用各种杀虫剂的降解率、溶解度和特异性等一系列固有特性。

生命周期评价（LCA）： 量化产品、过程或者活动的环境影响和检验从资源的提取直至废弃物的循环和处理的整个循环过程，包括能量流、水流量评估、空气和水体排泄物评估以及产品生命周期过程中产生的固体废弃物评估。

低影响开发（LID）： 也可称为低影响设计。通过设计与景观系统交错分布的水文系统来模拟自然水流流动、降低暴雨影响和保护水质。

材料流： 工业生态学中用于制造一切产品的材料流动路径。它既可以是一本书，也可以是一处开发场地。从材料的提取或加工，到材料在产品中的应用，直至丢弃处理的过程都会得到跟踪记录。

国家污染物排放削减（NPDES）许可证制度： 包含在《清洁水法案》之中的一项管制计划，禁止在未获得许可的情况下，向美国的地表水中排放污染物。

浊度单位（NTU）：　使用浊度仪进行浊度测试时的标准单位。该仪器的工作原理是测量由悬浮泥沙造成的散射光量。按照经验法则，1个浊度单位大约相当于1 mg/L的悬浮泥沙量。

非点源污染（NPS）：　由遍布整个景观范围内的污染源造成的污染。和点源污染相比，非点源污染包括污水污染和工业废物污染等，通常由单一的大型污染源排出。非点源污染的两个主要来源是城市和农业消耗。

富营养化污染：　因排放肥料、污水、动物粪便、聚酯废料等造成湖泊、河流和小溪中氮、磷含量过高而产生的负面影响。也被称为富营养化。

渗透性表面：　草坪、森林或松散土壤等土地表面，水能通过其渗入地下。

PM2.5、PM10：　平均有效粒径分别小于或等于2.5 μm和10 μm的空气颗粒物（灰尘）。

污染物：　对生态系统造成危害的致污物。可参见致污物。

可饮用水：　适合饮用的水。

雨水花园：　覆盖植被的低地，雨水径流被转移至此后渗入地下水体并蒸发。同生物滞留区。

受纳水体：　接收污水的溪流、河流、湖泊、河口或海洋等水体。

重现周期：　一定等级的暴风雨重复出现的平均频率。如五年一遇的暴雨在一个世纪内将平均发生20次。然而，两次五年重现期的暴雨可能同年发生或者相隔20年发生。它指一个事件在较长时间范围内重复发生的平均概率。重现周期通常适用于特定时长为3小时、6小时、12小时和24小时的暴雨事件。

停留时间： 水分子在地球水循环（例如，大气水循环、地表水循环或在地下水循环）的任一环节在一定的湖泊、池塘、溪流中停留的平均时间。

河岸带： 紧邻河流或小溪的区域，有时延伸到湖泊或河口地带，宽度尚无定论。

径流： 汇入河流的一部分降水。与蒸散相对。

土壤渗透率： 土壤输送水的能力。

暴雨事件： 给一个地区带来极大降水量的雨雪事件。

暴雨径流： 在暴雨期间或刚结束时河流和水渠中水流的增加量。

暴雨水文图： 在暴雨发生时反映雨水流量变化的图像记录。典型的暴雨水文图可以显示暴雨径流快速上升至峰值、逐渐回落以及恢复至基流的过程。

暴雨： 在暴雨期间和刚结束时流经土地表面的雨水，可形成暴雨流。暴雨时的雨水通常携带大量的污染物。

次级集水区： 镶嵌在一个较大的集水区之中的小型集水区。该术语是一个相对概念，因为任何集水区都可以被分割为更小的集水区，同时大集水区也可以结合成更大的集水区。参见集水区。

固体悬浮物： 流动水携带的颗粒物。流经陆地表面或在水土流失的河道中的水能够携带土壤颗粒、淤泥和沙子。与缓慢的水流相比，湍急的水流携带更多的泥沙。水土流失带来的大量泥沙可能对水生生态系统造成危害：阻挡阳光照射沉水植物和阻塞滤食动物的呼吸，而且随着水流减缓，悬浮物会沉积在河流和湖泊底部，可能直接覆盖底栖生物。而泥沙中的小型颗粒物经常携带重金属和农药等会降低水质的有毒污染物。

草沟：浅层的、人造的、线性的土质洼地，在暴雨期间和雨停之后可以减缓径流或暂时储存多余的雨水，以防止泛洪，并为雨水渗入地下提供缓冲时间。生态草沟两侧种植草及其他植物可以过滤污染物并减缓水土流失。

受威胁物种：全部或大部分可能成为濒危种群的物种。

单日最大负荷计划 (TDML)：《清洁水法案》框架下的专案，旨在控制城市化和其他土地开发项目所产生的污染源扩散。

浊度：一种测量水体悬浮颗粒物数量的替代指标，它基于水体中颗粒物对光的散射和吸收，通常也称为水体"浑浊度"。

生态草沟：可参见草沟。

集水区：雨水径流或地下水最终汇集的区域。人们通常关注河流沿线位置的集水区，事实上每一个区域都有可能成为集水区。集水区很容易在地形图上划定，并且可以通过分水岭和山脊走向进行区分，无论其走向是模糊的还是清晰的。集水区具有客观划定的边界。浴缸可以被看作一个与其连接的水管的集水区；而屋顶则是与之相连的落水管的集水区。类似集水区的概念还包括流域盆地和汇水区，前者通常用于大型集水区，后者通常用于小型集水区。